Clever sparen im Haushalt

Iris Hannuschka

Clever sparen im Haushalt

AXEL JUNCKER VERLAG

Die Autorin:
Iris Hannuschka ist Lehrerin und Handelsfachwirtin. Derzeit hat sie sich vom Schuldienst beurlauben lassen und studiert Betriebswirtschaft. Ferner arbeitet sie als Dozentin an der Volkshochschule, wo sie unter anderen Seminare zum Thema Sparen leitet.

Umwelthinweis: gedruckt auf chlorfrei gebleichtem Papier

Hinweis für den Leser:
Alle Angaben in diesem Buch wurden sorgfältig geprüft. Dennoch kann vom Verlag keine Gewähr dafür übernommen werden.

Umschlaggestaltung: Greenstuff, München
Redaktion: Roland Rottenfußer, München

Druck: Graphische Betriebe Langenscheidt, Berchtesgaden
Printed in Germany
ISBN 3-558-72011-3

1 * 99

Inhalt

Vorwort

Studien haben ergeben, dass jeder Haushalt über ca. 10 000 verschiedene Artikel verfügt. Davon werden höchstens 25% regelmäßig benutzt. Weitere 25% der Artikel benötigen wir ganz selten und der Rest steht oder liegt herum – also die Hälfte aller Gegenstände, die wir besitzen! Dafür brauchen wir auch Schrankraum, und so entstehen außer den Anschaffungskosten sozusagen noch unnötige Lagerkosten. Warum beschränken wir uns nicht einfach auf die Dinge, die wir tatsächlich brauchen und verwenden?

Schuld daran ist ein falsches Konsumverhalten. Das Besitzen und Horten materieller Güter ist zu einem Selbstzweck geworden. Mit wirklicher Lebensqualität hat das wenig zu tun, denn welche Freude sollen uns schon die vielen Gegenstände machen, die wir dann doch nie nutzen?

Wenn wir dies begriffen haben, können wir uns der Frage zuwenden, was Sparen eigentlich bedeutet. Die meisten Menschen sehen Sparsamkeit in engem Zusammenhang mit Geiz. Während aber Sparsamkeit als erstrebenswerte Eigenschaft gilt, die das Gegenteil von Verschwendungssucht darstellt, hat Geiz ein negatives Image. Er wird häufig in einem Atemzug mit Habsucht genannt. Zu Unrecht, denn der Habsüchtige hortet Geld oft nur zu seinem oberflächlichen Vergnügen; Geiz dagegen ist ein eigener Lebensstil. Es gibt bekennende Geizhälse, die sich für außergewöhnlich glückliche Menschen halten, und ihr Wahlspruch lautet: »Geiz hat seinen Reiz«.

Wer sich diese besondere Art von Lebensqualität erschließen möchte, muss zunächst die hohe Kunst beherrschen, kaum Geld auszugeben.

Es handelt sich dabei in der Tat um eine Kunst, die erlernt sein will, aber als Belohnung lockt ein Leben frei von Konsumzwängen, ein genügsameres, kreativeres, sparsameres, ja sogar ein zufriedeneres Leben. Kein Zweifel: Geiz liegt voll im Trend. Und er gehört zu den wenigen alternativen Lebensstilen, die sich tatsächlich in die Realität umsetzen lassen.

Es ist an der Zeit, sich vom negativen Klischee des garstigen Geizhalses zu trennen. Sein Image sollte gerechterweise das eines klugen Trendsetters sein, dessen Devise »Weniger ist mehr« ihm ein zufriedenes und freies Leben ermöglicht.

Im Übrigen ist es leider so, dass sich nicht alle Menschen aussuchen können, ob sie gerade mal von einem verschwenderischen zu einem geizigen Lebenstil überwechseln wollen, oder umgekehrt. In Deutschland geht die Entwicklung dahin, dass die relativ wohlhabende Mittelschicht abschmilzt, während es gleichzeitig immer mehr Superreiche gibt. Auf der anderen Seite wächst aber die Zahl derer, die mit dem Pfennig rechnen müssen und für die Sparen nichts anderes als eine bittere Notwendigkeit ist. Denjenigen unter meinen Leserinnen und Lesern, die in diese Kategorien fallen, kann dieses Buch helfen, etwas von dem allgegenwärtigen Finanzdruck abzumildern, indem Möglichkeiten aufgezeigt werden, wie man ohne allzu schmerzlichen Verzicht sparen kann. Die anderen, die über ein etwas größeres Budget verfügen, können lernen, dieses nicht mehr sinn- und planlos zwischen ihren Fingern zerrinnen zu lassen, sondern es zur Finanzierung wirklicher Herzenswünsche zu verwenden.

Voraussetzung für gezieltes Sparen ist in jedem Fall die Bereitschaft, umzudenken. Möglichkeiten dazu gibt es viele:

- die Ansprüche herunterschrauben
- den Gürtel enger schnallen
- mit weniger auskommen
- eigene Bedürfnisse verwirklichen
- zu eigenen Bedürfnissen stehen
- mehr Zeit haben
- die Natur genießen
- zu sich selbst finden …

Die Begründer einer eigenen Geizhals-Bewegung in Holland sind Rob von Eeden und Hanneke van Veen, die auch eine »Geizhals«-Zeitung herausgeben. Sie setzen auf Eigenverantwortung und die Orientierung an klaren Zielen. Ihr Leitsatz lautet:

»Der moderne Geizhals lebt sparsam, aber er sitzt nicht auf seinem Geld. Durch sparsames Leben kann er sich zum Beispiel erlauben, weniger zu arbeiten. Oder er kann seine eigenen oder die Träume anderer in Erfüllung gehen lassen. Weil er nicht so viel Geld braucht, kann er sich auch eine Stelle leisten, bei der er vielleicht weniger verdient, die ihm aber mehr Befriedigung schenkt. Damit wäre die Lebensqualität verbessert.«

Man sieht, auch Sparen lässt sich werbewirksam vermitteln. Die Hamburger Elektrizitätswerke warben zum Beispiel mit dem Slogan »Sie haben die Kraft, Strom zu sparen!« Seit Anfang der neunziger Jahre ist der Stromverbrauch in dieser Stadt nicht mehr gestiegen. Die Elektrizitätswerke warben damals mit Bildern von schönen, starken Menschen, die eher so aussahen, als wollten sie zum Konsum anregen.

Aber ist denn alles nur eine Frage der richtigen PR? Hören wir denn ausschließlich auf die Einflüsterungen der Werbung, anstatt für uns selbst festzulegen, welches die Richtlinien unseres Lebens sind? Als Erwachsene sind wir doch letztendlich allein für unser Glück verantwortlich. Wer interessiert sich schon wirklich dafür, wie es uns geht (es sei denn, er hat leicht durchschaubare kommerzielle Motive)? Selbst eine Mutter sorgt nicht unbedingt so uneigennützig für das Glück ihrer Kinder, wie man meint. Denn zufriedene Kinder sind angenehmer im Umgang und erleichtern das Familienleben.

Aus all dem folgt, dass wir im Hinblick auf unser persönliches Glück ruhig ein bisschen egoistischer werden dürfen. Warum sollten wir dann nicht auch mit unseren Geldmitteln bewusster und egoistischer umgehen, wenn dies unser Wohlbefinden steigert?

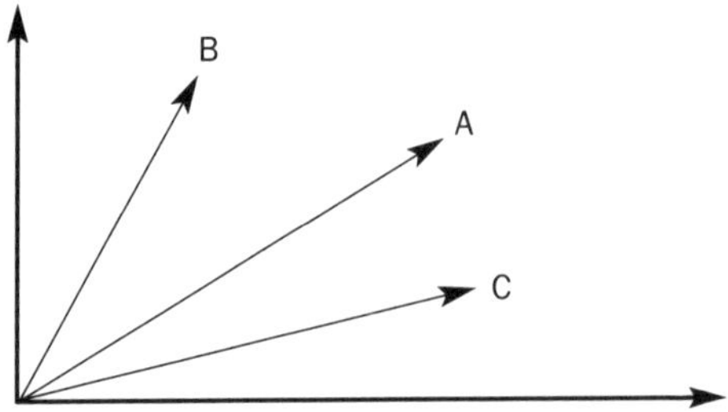

Typ A: schafft einen Ausgleich zwischen persönlichen und vorgegebenen Bedürfnissen
Typ B: tut fast nur, was Gesellschaftsnormen ihm nahe legen
Typ C: achtet bewusst auf seine individuellen Bedürfnisse

Abb. 1: Vorgegebene oder individuelle Bedürfnisse?

Nun verstehen wir besser, was es bedeutet, ein »Geizhals« zu sein. Es geht nicht darum, Geiz als Selbstzweck zu pflegen; es geht um nichts geringeres als unser Lebensglück. Denn wer mit weniger Geld auskommt und dabei zufrieden ist, wer sich nicht vor den Karren unserer Leistungsgesellschaft mit ihrer übertriebenen Konsumorientierung spannen lässt, führt mit Sicherheit ein ruhigeres Leben. Viel Besitz bedeutet auch größere Belastung. Zum einen kostet die Verwaltung dieses Besitzes Zeit und Aufwand, zum anderen wird man dadurch unbeweglicher; die Güter erweisen sich als Klotz am Bein, der einem jeden spontanen Schritt schwer werden lässt.

Aus unserer Kindheit kennen viele von uns noch die Unsitte, alles in Gut und Böse, Richtig und Falsch einzuteilen. Da war kein Platz für feine Abstufungen oder ein ausgewogenes Sowohl-als-auch. Als Erwachsene haben wir gelernt, dass diese klaren Einteilungen nur selten zur Beschreibung der Realität taugen. Was für den einen richtig ist, kann für den anderen durchaus falsch sein. Wenn jemand beispielsweise behauptet: »Nur das Leben auf dem Land ist das Wahre«, dann kann es sein, dass ein anderer dasselbe über das Leben in der Stadt sagt. Wer von beiden hat nun recht? Natürlich beide – jeder auf seine Weise.

Beide haben für sich eine Entscheidung getroffen und für ihre individuellen Bedürfnisse das Optimale getan. Derjenige, der auf dem Land lebt, hat vielleicht Kinder, liebt die Ruhe und die Natur. Vermutlich macht ihm die Autofahrt in die Stadt nichts aus. Der Stadtbewohner weiß es dagegen zu schätzen, alles an Ort und Stelle zu haben. Er mag auch seine kompakte Wohnung und ist froh, keine Arbeit im Garten zu haben.

Beide haben in diesem Fall Vor- und Nachteile sorgfältig abgewogen. Die Entscheidung, die sie getroffen haben, hat aber nur für sie selbst Gültigkeit. Sie lässt sich nicht auf andere Menschen mit ganz anderen Voraussetzungen übertragen.

Auch Sie haben sicher schon erlebt, dass jemand Ihnen vorschreiben wollte, was für Sie am besten ist. Aber lassen Sie sich das Heft nicht aus der Hand nehmen, denn niemand kennt Sie besser als Sie selbst.

Um immer das Beste für sich herauszuholen, ist es wichtig, dass Sie erstens alle Ihre Bedürfnisse klar erkennen und zweitens Vor- und Nachteile bei einer Entscheidung in Ruhe abwägen. Dann kommen Sie zu einer Antwort, die für Sie ganz persönlich die richtige ist.

Auch mit einem geringen Einkommen kann man glücklich leben

Wer mit wenig Geld auskommen muss, braucht dabei nicht unbedingt auf Wesentliches zu verzichten. Man kann nämlich für ein und dasselbe Bedürfnis unterschiedlich viel Geld ausgeben. Hier nur ein paar Beispiele:

Einen neuen Kleinwagen gibt es ab 18 000,– DM, man kann aber für ein neues Auto auch über 100 000,– DM ausgeben.

Eine Armbanduhr gibt es ab 15,– DM, nach oben ist Ihnen jedoch keine Grenze gesetzt. Es gibt sogar Uhren für 50 000,– DM.

Einen Pullover für Ihr Kind können Sie neu für, sagen wir mal, 90,– DM erwerben. Sie können aber auch einen schönen, gut erhaltenen Pullover für 10,– DM auf einem Flohmarkt für Kinderkleidung kaufen.

Toilettenpapier im 8er-Pack kann man für 1,99 DM kaufen – oder für 6,99 DM.

Diese Liste können Sie sicher aus eigener Erfahrung ergänzen.

Ist jemand vielleicht glücklicher, weil er das teurere Toilettenpapier gekauft hat? Man muss ja nicht in allen Bereichen das billigste Angebot wählen, aber wenn man bewusst und mit offenen Augen durchs Leben geht und sich vor jedem Einkauf fragt, was einem persönlich wichtig ist, kann man sein Leben sehr viel preisgünstiger gestalten. Und zwar ohne auf etwas Wesentliches verzichten zu müssen.

In diesem Buch werden viele Beispiele genannt, wie man für das gleiche Hab und Gut viel oder wenig Geld ausgeben kann – oft sogar ohne Qualitätsunterschiede.

Eine unter allen Umständen richtige Lösung gibt es nicht. Es gibt nur die für einen bestimmten Menschen zu einem bestimmten Zeitpunkt optimale Lösung. Denn wir selbst verändern uns, und auch unsere Umgebung ist einem raschen Wandel unterworfen. Was für uns heute richtig ist, kann im nächsten Jahr schon falsch sein. Heute leben wir vielleicht als Single, nächstes Jahr schon als Teil einer Familie, oder umgekehrt.

Angenommen, Sie sparen jeden Tag bei drei Gelegenheiten je 5,– DM ein (und hierzu gibt es reichhaltige Möglichkeiten); an einem Tag brächte Ihnen das 15,– DM ein, in einem Monat 450,– DM und in einem Jahr sogar 5400,– DM. Nicht schlecht, oder?

Preisdifferenzierung

Wenn wir ans Sparen denken, kommt uns meistens als Erstes das Verzichten in den Sinn. Wir glauben, dass es uns nur dann gelingen kann, weniger Geld auszugeben, wenn wir gewisse Produkte gar nicht erst kaufen. Wenn es sich um Dinge handelt, die uns wichtig sind und die uns Freude machen, kann es mitunter schmerzhaft sein, sich deren Kauf zu verkneifen.

In diesem Buch möchte ich jedoch eine andere, weit weniger entbehrungsreiche Form des Sparens vorschlagen: Sie leisten sich einfach dasselbe, was Sie sich auch vorher gegönnt haben – nur eben zu einem geringeren Preis. »Zu schön, um wahr zu sein!« werden Sie jetzt vielleicht denken. Aber dahinter steckt keineswegs nur Wunschdenken oder irgendein dubioser Trick, sondern ein vernünftiges wirtschaftliches Prinzip, genannt Preisdifferenzierung. Es handelt sich dabei um nichts anderes als die Tatsache, dass Firmen aus ökonomischen Erwägungen häufig das gleiche Produkt zu zwei oder mehreren verschiedenen Preisen abgeben. Das ist wahrhaft keine Sensation, sondern eine altbewährte Verkaufsstrategie in zahlreichen Branchen. Leider sind die Formen der Preisdifferenzierung in der breiten Öffentlichkeit viel zu wenig bekannt, und so verschenken viele von uns jährlich Tausende von Mark, einfach aus mangelnder Information.

In der Regel geht der Kunde fälschlicherweise davon aus, dass Unternehmen ein und dasselbe Produkt stets zum gleichen Preis absetzen. Denn warum, so fragt der gesunde Menschenverstand, sollte ein Hersteller etwas billiger verkaufen, wenn er genauso gut auch einen höheren Preis verlangen kann und diesen erfahrungsgemäß auch bezahlt bekommt?

Ein Grund kann darin bestehen, dass das Bedürfnis nach einem bestimmten Produkt bei einer Käuferschicht größer ist als bei einer anderen. Auch das verfügbare Haushaltsbudget und die Bereitschaft, für eine Anschaffung viel Geld zu investieren, sind in der Bevölkerung unterschiedlich ausgeprägt. Die einen bevorzugen Markenprodukte, die ihnen ein gewisses Prestige verschaffen und das Gefühl vermitteln, sich etwas Besonderes leisten zu können. Auch legt diese elitäre Käuferschicht vielleicht Wert auf gemütliche, großzügig ausgestattete Geschäftsräume und eine zuvorkommende, individuelle Beratung. Dafür ist sie auch bereit, mehr Geld hinzublättern.

Anderen kommt es allein auf den günstigen Preis an, und sie nehmen dafür auch eine anonyme Markthallenatmospäre, lieblos in ihren Originalkartons drapierte Waren und lange Warteschlangen vor den Kassen in Kauf. Warum sollten Hersteller (auch von Luxusartikeln) diese zweite Käuferschicht von vornherein ausschließen? Sie würden sich damit ja ins eigene Fleisch schneiden, zumal die Bevölkerungsgruppe mit knappem Budget ein ganzes Heer von potentiellen Kunden darstellt. Was tun also viele Hersteller? Sie frisieren das renommierte Luxusprodukt um zu einer Billigversion, mit einem Phantasienamen und einer schlichten Verpackung versehen, und bringen es über große Vertriebsketten an den armen bzw. sparwilligen Mann und die ebensolche Frau. Der geringere Gewinn, den der Hersteller durch Billigpreise beim Einzelstück erzielt, wird durch Masse wieder wettgemacht. Außerdem kann man ja bei der Luxusversion für die Besserverdiener zum Ausgleich etwas auf den Preis draufschlagen.

Dieses Grundprinzip, das hier an einem sehr allgemeinen und vereinfachten Beispiel erklärt wurde, kommt in zahlreichen Varianten zur Anwendung, von denen im Folgenden die wichtigsten genauer erklärt werden.

Räumliche Preisdifferenzierung

Es werden Regionalmärkte gebildet und je nach Region verschiedene Preise verlangt. Eine räumliche Preisdifferenzierung liegt auch dann vor, wenn sich Inlandspreise und Auslandspreise unterscheiden.

Hierzu sind folgende Beispiele zu nennen:
- Die gleichen Arzneimittel werden zum Teil im Ausland wesentlich billiger verkauft als in Deutschland.
- Ähnliches gilt für Autos. Sie werden dann häufig als Reimport in Deutschland preiswerter verkauft als der ursprünglich im Inland angebotene Wagen.
- Hausbauen im Norden ist günstiger als im Süden Deutschlands.
- Übernachtungen in Bayern kosten meist weniger als im Schwarzwald.
- Kanus zu mieten ist im Altmühltal billiger als auf der Donau.
- Für kulturelle Veranstaltungen gibt es unterschiedliche Preise in Stadtgebieten und in ländlichen Regionen.

Zeitliche Preisdifferenzierung

Je nachdem, zu welchem Zeitpunkt ein Produkt angeboten wird, werden unterschiedliche Käuferschichten angesprochen.

Beispiele:
- Im Buch- und im Textilienhandel zielt man mit unterschiedlichen Preisen auf zwei Gruppen von Käufern ab. Kunden, die die gebundene Originalausgabe eines Buches erwerben wollen, wird ein höherer Preis abverlangt als solchen, die sich mit einer später erscheinenden billigen Ausgabe eines Buchclubs bzw. mit der Taschenbuchausgabe zufrieden geben. Ähnliches gilt für modische Kleidungsstücke. Sie kommen Käufern, die sich unverzüglich mit dem Neuesten vom Neuen eindecken wollen, teurer zu stehen als geduldigeren Zeitgenossen, die bis zum Sommer- oder Winterschlussverkauf warten.

Weitere Beispiele:
- In Kinos werden an bestimmten Wochentagen niedrigere Eintrittspreise verlangt.
- Flüge und Urlaubsreisen sind außerhalb der Schulferien in der Nebensaison wesentlich günstiger.
- Nachtstrom ist billiger als Tagstrom.

Personelle Preisdifferenzierung

Häufig werden von verschiedenen Personengruppen unterschiedliche Preise verlangt. In der Regel wird die Höhe des Einkommens als Hinweis darauf gewertet, wie viel ein bestimmter Personenkreis vermutlich für eine Ware zu zahlen bereit ist. Da man dies aber nicht bei jedem (zumeist unbekannten) Kunden wissen kann, wird nach Berufsgruppen unterschieden. Manche Berufe bringen es automatisch mit sich, dass bestimmte Leistungen stärker nachgefragt werden.

Beispiele:
- Ärzte rechnen bei Privatpatienten nach anderen Sätzen ab als bei Kassenpatienten.
- Bei Eintrittskarten gibt es zum Teil Preisermäßigung für einzelne Personengruppen: Kinder, Schüler, Rentner, Studenten, Wehrdienstleistende, Arbeitslose, Mitglieder von Vereinen.

Verwendungsorientierte Preisdifferenzierung

Ist ein Produkt für verschiedene Verwendungszwecke geeignet, so richten sich die Preise manchmal nach diesem Zweck. Hier gilt oft: in größeren Mengen ist ein Produkt günstiger.

Beispiele:
- Strom ist im Privathaushalt teurer als bei industrieller Nutzung.
- Zitronensäure aus der Apotheke ist für den Endverbraucher 20-mal teurer als für den Fotohändler, der dasselbe Produkt über den Großmarkt bezieht.

Sachliche Preisdifferenzierung

Die Eigenschaften von Produkten bzw. deren Verpackung werden leicht verändert, um unterschiedliche Käuferschichten anzusprechen.

Beispiele:

- Derselbe Typ von Fernsehapparat wird gleichzeitig unter dem Markennamen eines bekannten Herstellers und unter einem Phantasienamen über ein Versandhaus vertrieben (sog. No-Name-Produkte oder Waren in weißer Verpackung).
- Eine Gaststätte bietet unterschiedlichen Service bei entsprechendem Preisgefälle, z. B. im einen Raum mit Bedienung, im anderen mit Selbstbedienung.
- Ein Hotel bietet verschiedene Kategorien, z. B. Zimmer, Suite ...
- In der Bahn gibt es 1. und 2. Klasse.
- Economy und Business Class in Flugzeugen.
- Fachgeschäft und Supermarkt.
- Verpackungen werden verändert. In Frankreich wurde einmal in einem Käseladen ein Experiment durchgeführt. Der Käse vom großen Laib war halb so teuer wie der in Folie schön verpackte Käse. Obwohl es sich um genau denselben Käse handelte, wurde von beiden Angeboten gleich viel verkauft.

Auf der Suche nach Otto Normalverbraucher

Wer ist eigentlich jener ominöse Otto Normalverbraucher, der in der unmittelbaren Nachkriegszeit eine beliebte Volksfigur war und seitdem zum geflügelten Wort geworden ist? Gibt es ihn überhaupt noch, und wenn ja, was bedeutet eigentlich »normal«? Für Betriebswirte war er immer eine sehr hilfreiche Gestalt: Otto Normalverbraucher ist jener statistische Durchschnittskäufer, den man genau zu kennen glaubt und dessen Bedürfnisse man exakt vorhersagen kann.

In dem eben genannten Sinn gibt es Otto Normalverbraucher heute eigentlich nicht mehr. Der Kunde ist mündig und damit auch unberechenbarer geworden. Er möchte möglichst alles auf einmal und hält sich kaum mehr an irgendwelche Klischees und typischen Kaufgewohnheiten. Einerseits möchte er das frische Obst und Gemüse direkt auf dem Markt kaufen, andererseits scheut er aber auch nicht den Gang zu Aldi, und gelegentlich besucht er sogar eine Edelboutique und kauft sich Designerklamotten.

Der Kunde von heute ist vielseitig und vereint viele Extreme in sich. Es gibt kaum mehr Käufer, die grundsätzlich nur zum günstigsten Angebot greifen; genauso selten gibt es aber auch Kunden, für die immer nur das Teuerste gut genug ist. Der kritische Konsument wägt Vor- und Nachteile ab und bestimmt die für ihn passende Preisklasse je nach Produktgruppe immer neu.

Auch Modeströmungen und das Bild, das man von sich nach außen hin vermitteln möchte, spielten früher sicher noch eine größere Rolle als heute. Zum Beispiel war es gerade auf dem Lande üblich, am Samstagmorgen über den Markt zu schlendern, dort einzukaufen und Bekannte zu treffen. Im Billigmarkt Aldi mochten dagegen viele nur ungern gesichtet werden.

Auch der mündige Verbraucher von heute kann sich vom Einfluss diverser Modeerscheinungen zwar nicht völlig frei machen; die meisten versuchen aber, kritisch abzuwägen und einen individuellen Kompromiss zwischen eigenen Bedürfnissen und dem Diktat des so genannten Zeitgeists zu finden. Wer sich jedoch vom Sog des allgemein Üblichen nicht widerstandslos erfassen lassen möchte, muss zumindest zweierlei tun: sich Gedanken machen und sich alle nötigen Informationen beschaffen. Und so ist eine wachsende Zahl von Menschen heute nicht mehr bereit, gedankenlos alles zu schlucken, was ihnen von Werbung und Massengeschmack vorgesetzt wird.

Gut für Sie und Ihren Geldbeutel, aber schlecht für die Marktstrategen der Unternehmen, die ihre potentiellen Kunden nun nicht mehr so mühelos wie früher in Kategorien einteilen können.

Wofür geben die Deutschen ihr Geld aus?

Die Bedürfnisse der Käufer sind vielfältig: Ernährung, Körperpflege, Kleidung, Reisen, Hobbys; aber welche dieser Posten schlagen im Haushaltsplan am meisten zu Buche? Um diese Frage zu beantworten, hat das Statistische Bundesamt als theoretische Größe den so genannten Warenkorb erfunden. Dieser Warenkorb beinhaltet zurzeit in Deutschland ca. 750 Waren und Dienstleistungen. Die Auswahl der darin enthaltenen Güter wird von Zeit zu Zeit dahingehend überprüft, ob sie noch den aktuellen Verbrauchsgewohnheiten entspricht. Darüber hinaus werden ständig neue Produkte angeboten, während alte vom Markt verschwinden. Zum Beispiel wurden in den vergangenen Jahren die Plattenspieler mehr oder weniger vollständig durch CD-Player ersetzt. Die Nachfrage nach Computern in privaten Haushalten ist rasant gestiegen.

Auf der Grundlage der zur Verfügung stehenden Daten wurde die Gesamtheit der gehandelten Waren und Dienstleistungen in Produktgruppen unterteilt. Dann wurde ermittelt, wie viel Prozent ihrer Ausgaben die Bundesbürger für jede dieser Gruppen aufwenden. Die nachfolgende Statistik bezieht sich nur auf die alten Bundesländer.

■ Nahrungsmittel, Getränke, Tabakwaren	23%
■ Bekleidung, Schuhe	7%
■ Wohnungsmieten, Energie	24%
■ Möbel, Haushaltsgeräte	8%
■ Güter für die Gesundheits- und Körperpflege	5%
■ Güter für Verkehr und Nachrichtenübermittlung	17%
■ Güter für Bildung, Unterhaltung, Freizeit	9%
■ Güter für die persönliche Ausstattung, Dienstleistungen des Beherbergungsgewerbes sowie Güter sonstiger Art	7%

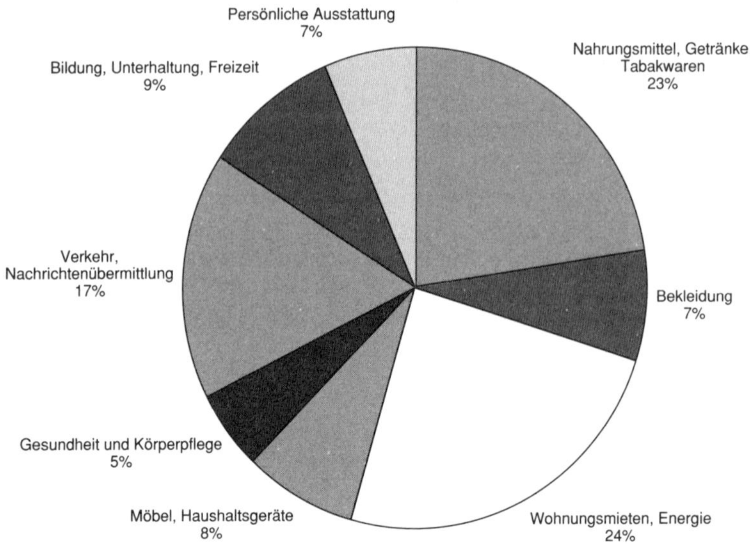

Abb. 2: Ausgaben der Bundesbürger im früheren Bundesgebiet

Darüber hinaus unterscheidet das Statistische Bundesamt zwischen drei verschiedenen Haushaltstypen, die durch drei »typische« Durchschnittsfamilien repräsentiert werden:

1 Familien mit Nettoeinkommen zwischen 5750,– und 7800,– DM

Hier verteilen sich die Ausgaben prozentual wie folgt:

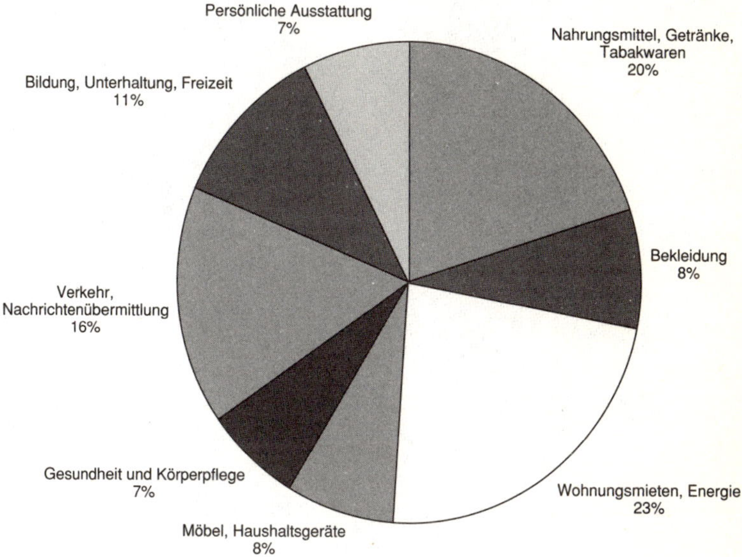

Abb. 3: Vier-Personen-Haushalte von Beamten und Angestellten mit höherem Einkommen

2 Familien mit Nettoeinkommen zwischen 3350,– und 4900,– DM

Hier verteilen sich die Ausgaben prozentual wie folgt:

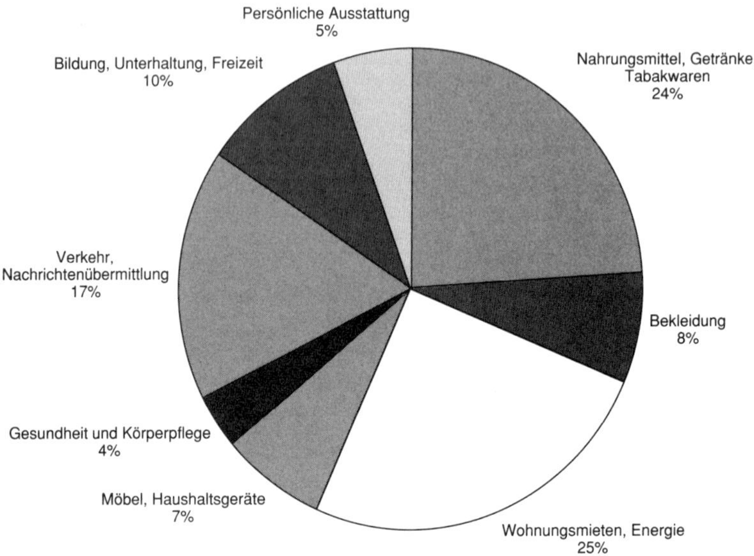

Abb. 4: Vier-Personen-Haushalte von Arbeitern und Angestellten mit mittlerem Einkommen

3 Familien mit Nettoeinkommen zwischen 1550,– und 2200,– DM

Hier verteilen sich die Ausgaben prozentual wie folgt:

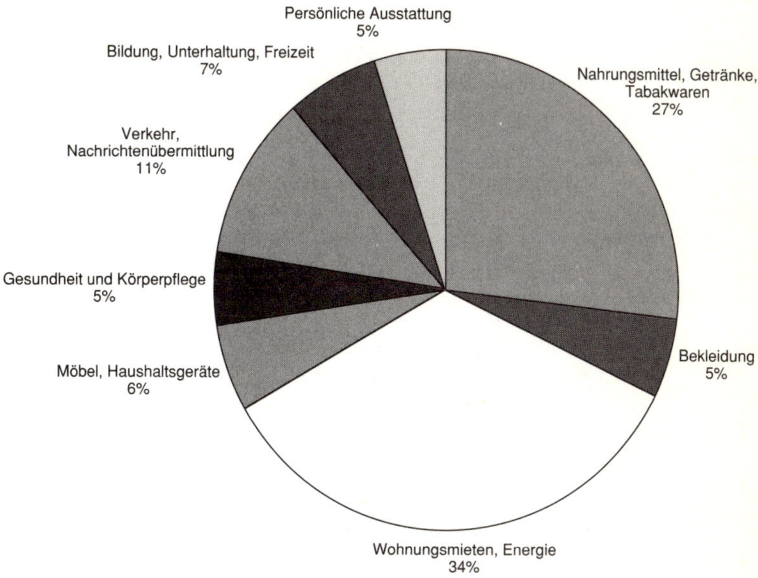

Abb. 5: Zwei-Personen-Haushalte von Renten- und Sozialhilfeempfängern mit geringem Einkommen

Da viele meiner Leserinnen und Leser davon betroffen sein dürften, füge ich hier gern die Zahlen für einen Single-Haushalt (siehe Ausgabenaufstellung S. 33) sowie für die heutzutage nicht seltene Familie mit nur einem Kind hinzu:

4 Single-Haushalt mit Netto-Einkommen von 2380,– DM

Hier verteilen sich die Ausgaben prozentual wie folgt:

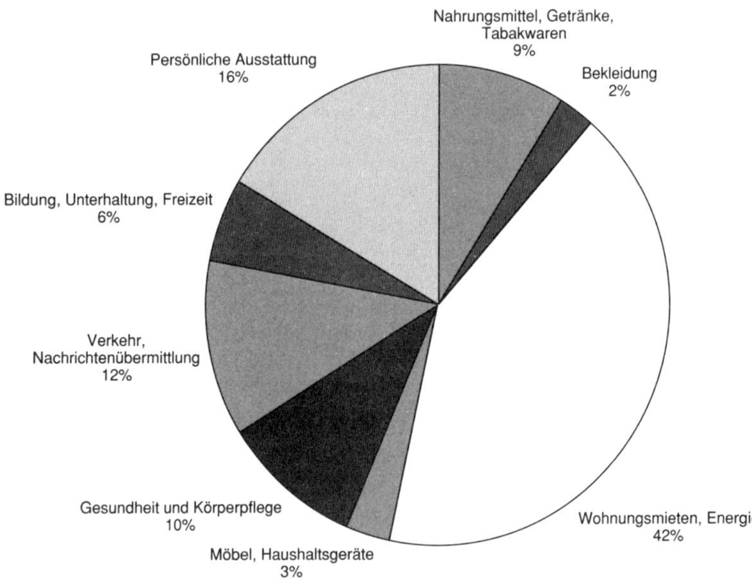

Abb. 6: Single-Haushalt

5 Familien mit Netto-Einkommen von 2743,– DM

Hier verteilen sich die Ausgaben prozentual wie folgt:

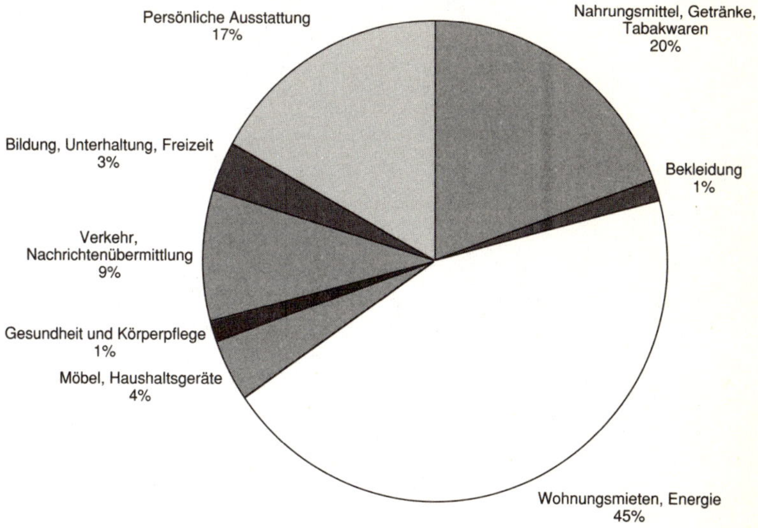

Abb. 7: Dreiköpfige Familie

Hieraus ist ersichtlich: Je geringer die Ausgaben insgesamt, umso höher sind prozentual die Aufwendungen für Nahrungsmittel und Wohnungsmieten. Denn die Grundbedürfnisse »Essen und Wohnen« müssen erfüllt werden.

Ein Haushaltsbuch führen

Vielleicht denken Sie beim Thema »Haushaltsbuch« sofort an den damit verbundenen Aufwand. Sie meinen, dass Sie das Eintragen immer wieder vergessen und Ihre Ausgabenliste nicht kontinuierlich führen werden. Ich kann Ihnen diese Ängste nicht abnehmen. Einige Tipps werden Ihnen aber vielleicht helfen, sich die Sache so einfach wie möglich zu machen und dadurch auch langfristig bei der Stange zu bleiben.

Computer-Freaks können ihre Ausgaben natürlich in den PC eingeben; ich persönlich habe allerdings eine andere, für mich schnellere und einfachere Lösung gefunden: Ich teile mir ein Blatt Papier in Spalten ein und lege es an meinen Essplatz in der Küche. Hier halte ich mich regelmäßig auf, meistens sogar mehrmals täglich. Wenn ich mich zum Essen hinsetze, trage ich in die Tabellen meine Ausgabenbeträge ein. Am Monatsende addiere ich die Beträge in den verschiedenen Spalten und habe so einen Vergleich. Die Arbeit hierfür beträgt pro Tag vielleicht zwei Minuten. Nur einmal am Monatsende benötigt die Gesamtbilanz und das Vergleichen der verschiedenen Spalten etwas mehr Zeit.

Nun zum Inhalt der verschiedenen Spalten. Sie werden wohl bei jeder Person ein bisschen anders aussehen, und ich will deshalb auch keine allgemeinen Regeln aufstellen. Bei mir sind es folgende Bereiche:

Lebensmittel, Auto, Abendgestaltung, Essen gehen, Kleidung, Geschenke, Anschaffungen, Zubehör, Urlaub, Hobby, Körperpflege/Gesundheit, Bildung, Garten, öffentliche Verkehrsmittel, Verschiedenes. Bei meiner Mutter kommen noch zwei weitere Spalten hinzu: »Hund« und »Tochter«.

Wichtig ist, alles sofort in die richtige Spalte einzutragen, damit die Statistik am Monatsende nicht zu viel Zeit beansprucht.

Ausgaben, die regelmäßig vom Konto abgebucht werden, wie Miete, Strom, Gas, Wasser, Müll, Telefon, Kfz-Versicherung, Kfz-Steuer, Lebensversicherung, Bausparvertrag, Haftpflicht, Kontogebühren, Krankenkasse, Verein, Volkshochschulkurse und Rundfunkgebühren entnehme ich einer schon früher zusammengestellten Liste. So muss ich nicht jeden Monat neu in diversen Aktenordnern herumsuchen, um die Kosten zu ermitteln.

Diese Einteilung macht es möglich, auf einen Blick zu sehen, wie viel man für welchen Bereich ausgegeben hat. So kann man gleich Pläne dafür entwerfen, in welchen Bereichen man in Zukunft mehr sparen möchte. Von Vorteil ist es auch, wenn man seine Eintragungen mit denen von Verwandten oder Bekannten vergleichen kann. In meinem Fall dient z. B. meine Mutter, die einen Single-Haushalt führt, als Vergleichsgröße. Ihre Ausgaben sind in der Regel in den Bereichen Lebensmittel, Essen gehen, Gesundheit und Kleidung prozentual höher als meine. In den Spalten Auto und Abendgestaltung liege dagegen ich »in Führung«. Das hat mit Sicherheit viel mit dem Altersunterschied zu tun.

Als Beispiele sind im Folgenden drei vollständige Listen abgedruckt:

- Ein Single-Haushalt (Frau, 36 Jahre)
- Eine dreiköpfige Familie (Vater, 37 Jahre; Mutter, 30 Jahre; Kind, 2 Jahre)
- Eine allein erziehende Mutter (38 Jahre) mit zwei Söhnen (11 und 7 Jahre)

Aufgeführt sind zunächst die Barausgaben und anschließend die Gesamtausgaben (inklusive Fixkosten).

Im Anschluss daran finden Sie zwei Blanko-Listen, die Sie sich kopieren können, um darin Ihre eigenen Eintragungen zu machen.

Single-Haushalt																
	Lebensmittel	Auto	Abend-gestal-tung	Essen gehen	Klei-dung	Ge-schenke	Anschaf-fungen	Zu-behör	Urlaub	Hobby	Körperpflege/ Gesundheit	Bildung	Gar-ten	Öffentliche Verkehrs-mittel	Verschie-denes	Summe
Januar	183,90	100,50	17,50		85,40	19,00	250,00	24,85	420,00	8,00	10,00	1,70				1120,85
Februar	168,65	54,51	10,00		41,85			27,95	265,00		8,00	29,60				605,56
März	154,60	157,00	13,50			77,80			18,00	9,00	15,90	3,20			30,00	479,00
April	199,10	135,00	27,00		30,00	15,00		7,00	200,00			5,60	42,00	101,60	27,00	789,30
Mai	141,21	418,00	9,00	39,00		16,00	10,00	17,00	92,79		8,00	12,00	5,00			768,00
Juni	210,00	158,00	37,00	42,00	51,00		371,00					12,80				881,80
Juli	220,30	109,20	40,15	64,30						29,99						463,94
August	139,80	46,00	17,00		70,00		6,75		500,00	18,00	14,00	22,00				833,55
September	177,15	104,00	43,80	13,00	309,60		15,00	25,00		20,00		35,00			15,00	757,55
Oktober	253,00	135,00	19,50	47,00	81,00		77,00	48,15		208,40		1,60			10,00	880,65
November	409,35	100,00	15,00	13,00		64,80	25,00	2,50			4,00	12,80		4,40	101,10	751,95
Dezember	262,02	284,78	25,00	1,50		277,95	29,95	1,49	6,40	96,00	19,50	1,60			20,00	1026,19
Summe	2519,08	1801,99	274,45	219,80	668,85	470,55	784,70	153,94	1502,19	389,39	79,40	137,90	47,00	106,00	203,10	9358,34
Ausgaben / Monat	209,92	150,17	22,87	18,32	55,74	39,21	65,39	12,83	125,18	32,45	6,62	11,49	3,92	8,83	16,93	779,86

Abb. 8: Barausgaben 1

3-köpfige Familie, 2 Erwachsene und 1 Kleinkind

	Lebensmittel	Auto	Abend-gestal-tung	Essen gehen	Klei-dung	Ge-schenke	Anschaf-fungen	Zubehör	Urlaub	Hobby	Körperpflege/ Gesundheit	Bildung	Garten	Öffentliche Verkehrs-mittel	Verschie-denes	Summe
Januar	540,00	150,00				18,00	137,00	26,00		9,00	10,00	6,00			49,00	945,00
Februar	528,00	137,00	15,00		46,00	6,00	128,00	17,00		58,00	15,00		20,00		10,00	980,00
März	568,00	181,00			57,00	52,00	32,00	31,00		45,00	10,00	17,00	35,00		15,00	1043,00
April	456,00	132,00			19,00		199,00	25,00		25,00	100,00	2,00	40,00		25,00	1023,00
Mai	540,00	136,00	20,00	30,00	77,00	14,00	89,00	7,50		45,00	51,00	76,00	13,00		37,00	1135,50
Juni	478,00	127,00	20,00		54,00		290,00			12,00	40,00	26,00	10,00		50,00	1107,00
Juli	516,00	131,00	15,00	18,00	19,00	11,00	25,00	20,00	128,00	90,00	113,00	46,00	45,00		23,00	1200,00
August	465,00	181,00	17,00	23,00	58,00	23,00	263,00	15,00		35,00	29,00	44,00			25,00	1178,00
September	457,00	136,00	7,00		86,00	157,00	32,00	5,00		11,00		15,00			77,00	983,00
Oktober	449,00	142,00			38,00	7,00	20,00	8,00			10,00		6,00			680,00
November	532,00	132,00			6,00		30,00	7,00		10,00	36,00	11,00			18,00	782,00
Dezember	486,00	136,00	25,00		19,00	126,00	31,00	8,00		20,00	29,00					880,00
Summe	6015,00	1721,00	119,00	71,00	479,00	414,00	1276,00	169,50	128,00	360,00	443,00	243,00	169,00	0,00	329,00	11936,50
Ausgaben/ Monat	501,25	143,42	9,92	5,92	39,92	34,50	106,33	14,13	10,67	30,00	36,92	20,25	14,08	0,00	27,42	994,71

Abb. 9: Barausgaben 2

3-köpfige Familie, Alleinerziehende und 2 Söhne									
	Lebensmittel	Auto	Kinder	Mutter	Urlaub / Ausflug	Friseur/ Körperpflege/ Gesundheit	Schornsteinfeger	Verschiedenes (Zeitschriften, Apotheke, Post, Bücher, Fotos, Geschenke, Schmuck, Geschirr)	Summe
Januar	880,00	124,00	321,00	130,00	50,00	130,00		266,00	1505,00
Februar	800,00	116,00	300,00	60,00	55,00	200,00		420,00	1331,00
März	960,00	132,00	342,00	30,00	92,00	230,00		180,00	1556,00
April	920,00	310,00	150,00	120,00	204,00	140,00	75,00	310,00	1704,00
Mai	840,00	65,00	492,00	98,00	91,00	162,00		190,00	1586,00
Juni	880,00	68,00	322,00	48,00	505,00	212,00		230,00	1823,00
Juli	988,00	123,00	236,00	100,00	84,00	100,00		285,00	1531,00
August	900,00		99,00		50,00	90,00		22,00	1049,00
September	917,00	251,00	427,00	410,00	52,00	100,00		554,00	2057,00
Oktober	694,00	68,00	239,00	50,00	200,00	218,00		196,00	1251,00
November	961,00	65,00	488,00	49,00	101,00	100,00	50,00	188,00	1664,00
Dezember	798,00	116,00	478,00	250,00	64,00	87,00		351,00	1706,00
Summe	10538,00	1438,00	3894,00	1345,00	1548,00	1769,00	125,00	3192,00	18763,00
Ausgaben/ Monat	878,17	119,83	324,50	112,08	129,00	147,42	10,42	266,00	1563,58

Abb. 10: Barausgaben 3

	Single-Haushalt																
	Miete	Strom	Gas	Wasser	Müll	Telefon	Kfz-Versicherung	Kfz-Steuer	Lebensversicherung	Bausparen	Haftpflicht	Kontogebühren	Krankenkasse	Verein	VHS Kurse	GEZ (Radio)	Barausgaben	Summe
Januar	800,00	56,00	104,00			68,00	283,00	171,00	59,00		60,00		265,00	231,00			1120,85	3217,85
Februar	800,00	56,00	104,00	200,00	65,00	85,00			59,00				265,00				605,56	2239,56
März	800,00	56,00	104,00			77,00			59,00			25,00	265,00	15,00			479,00	1880,00
April	800,00	56,00	104,00			67,00			59,00				265,00		37,50		789,30	2177,80
Mai	800,00	56,00	104,00			69,00			59,00				204,00				768,00	2060,00
Juni	800,00	56,00	104,00			81,00			59,00			25,00	204,00				881,80	2210,80
Juli	800,00	56,00	104,00			71,00			59,00				204,00	171,00			463,94	1928,94
August	800,00	56,00	104,00			74,00			59,00				204,00				833,55	2130,55
September	800,00	56,00	104,00	145,00		80,00			59,00			25,00	204,00		180,00		757,55	2410,55
Oktober	800,00	56,00	104,00			65,00			59,00				204,00				880,65	2168,65
November	800,00	56,00	104,00			89,00			59,00				204,00				751,95	2063,95
Dezember	800,00	56,00	104,00			94,00			59,00	1600,00		25,00	204,00			113,00	1026,19	4081,19
Summe	9600,00	672,00	1248,00	345,00	65,00	920,00	283,00	171,00	708,00	1600,00	60,00	100,00	2692,00	417,00	217,50	113,00	9358,34	28569,84
Ausgaben/ Monat	800,00	56,00	104,00	28,75	5,42	76,67	23,58	14,25	59,00	133,33	5,00	8,33	224,33	34,75	18,13	9,42	779,86	2380,82

Abb. 11: Gesamtausgaben 1

3-köpfige Familie, 2 Erwachsene und 1 Kleinkind

	Zins u. Tilgung für Eigentums-wohnung	Strom	Heizung und Neben-kosten	Wasser	Müll	Telefon	Kfz-Versiche-rung	Kfz-Steuer	Lebens-versiche-rung	Bau-sparen	Haft-pflicht	Konto-gebüh-ren	Verein	Grund-steuer	GEZ (Radio)	Baraus-gaben	Summe
Januar	820,00	30,00	284,00		60,00	50,00	282,00		400,00		88,00	24,00			71,00	945,00	3054,00
Februar	820,00	30,00	284,00			44,00			400,00					82,00		980,00	2640,00
März	820,00	30,00	284,00			48,00			400,00							1043,00	2625,00
April	820,00	30,00	284,00		60,00	46,00		144,00	400,00			22,00			71,00	1023,00	2900,00
Mai	820,00	30,00	284,00			51,00			400,00					82,00		1135,50	2802,50
Juni	820,00	30,00	284,00	180,00		44,00			400,00							1107,00	2865,00
Juli	820,00	30,00	284,00		60,00	46,00			400,00			25,00	192,00		71,00	1200,00	3128,00
August	820,00	30,00	284,00			44,00			400,00					82,00		1178,00	2838,00
September	820,00	30,00	284,00			44,00			400,00							983,00	2561,00
Oktober	820,00	30,00	284,00		60,00	38,00			400,00			23,00			71,00	680,00	2406,00
November	820,00	30,00	284,00			61,00			400,00					82,00		782,00	2459,00
Dezember	820,00	30,00	284,00	180,00		53,00			400,00							880,00	2647,00
Summe	9840,00	360,00	3408,00	360,00	240,00	569,00	282,00	144,00	4800,00	0,00	88,00	94,00	192,00	328,00	284,00	11936,50	32925,50
Ausgaben/ Monat	820,00	30,00	284,00	30,00	20,00	47,42	23,50	12,00	400,00	0,00	7,33	7,83	16,00	27,33	23,67	994,71	2743,79

Abb. 12: Gesamtausgaben 2

3-köpfige Familie, Alleinerziehende und 2 Söhne

	Miete	Strom	Gas	Wasser	Müll	Telefon	Kfz-Versicherung	Kfz-Steuer	Sparen/ Lebensversicherung	Haftpflicht	Hausratversicherung	Unfallversicherung	Kindergarten	Kontogebühren	Verein	Zeitung	Klavierstunden	GEZ (Radio)	Barausgaben	Summe
Januar	625,–	155,–	233,–			130,–	500,–	144,–	200,–	122,–	222,–	47,–	74,–	25,–	72,–	35,–	40,–	85,–	1505,–	4214,–
Februar	625,–					121,–			200,–			47,–	74,–			35,–	40,–		1331,–	2473,–
März	625,–	155,–	308,–	284,–		150,–			200,–			47,–	74,–			35,–	40,–		1556,–	3474,–
April	625,–					105,–			200,–			47,–	74,–	25,–		35,–	40,–	85,–	1704,–	2940,–
Mai	625,–	155,–	308,–			104,–			200,–			47,–	74,–			35,–	40,–		1586,–	3174,–
Juni	625,–			303,–	220,–	125,–			200,–			47,–	74,–			35,–	40,–		1823,–	3492,–
Juli	625,–	155,–	308,–			137,–			200,–			25,–	74,–	25,–		35,–	40,–	85,–	1531,–	3240,–
August	625,–					142,–			200,–			25,–				35,–	40,–		1049,–	2116,–
September	625,–	155,–	308,–	303,–		158,–			200,–			25,–	20,–			35,–	40,–		2057,–	3926,–
Oktober	625,–					139,–			200,–			25,–	20,–	25,–		35,–	40,–	85,–	1251,–	2445,–
November	625,–	155,–	308,–			160,–			200,–			25,–	20,–			35,–	60,–		1664,–	3252,–
Dezember	625,–			303,–	220,–	183,–			200,–			25,–	20,–			35,–	60,–		1706,–	3377,–
Summe	7500,–	930,–	1773,–	1193,–	440,–	1654,–	500,–	144,–	2400,–	122,–	222,–	432,–	598,–	100,–	72,–	420,–	520,–	340,–	18763,–	38123,–
Ausgaben/ Monat	625,–	78,–	148,–	99,–	37,–	138,–	42,–	12,–	200,–	10,–	19,–	36,–	50,–	8,–	6,–	35,–	43,–	28,–	1564,–	3178,–

Abb. 13: Gesamtausgaben 3

Barausgaben															
	Lebensmittel	Auto	Abendgestaltung	Essen gehen	Kleidung	Geschenke	Anschaffungen	Zubehör	Urlaub	Hobby	Körperpflege/ Gesundheit	Bildung	Garten	Öffentliche Verkehrsmittel	Verschiedenes	Summe
Januar																
Februar																
März																
April																
Mai																
Juni																
Juli																
August																
September																
Oktober																
November																
Dezember																
Summe																
Ausgaben/ Monat																

Abb. 14: Ihre Barausgaben

Gesamtausgaben																	
	Miete	Strom	Gas	Wasser	Müll	Telefon	Kfz-Versicherung	Kfz-Steuer	Lebensversicherung	Bausparen	Haftpflicht	Kontogebühren	Krankenkasse	Verein	VHS Kurse	GEZ (Radio)	Barausgaben	Summe
Januar																		
Februar																		
März																		
April																		
Mai																		
Juni																		
Juli																		
August																		
September																		
Oktober																		
November																		
Dezember																		

Abb. 15: Ihre Gesamtausgaben

Spartipps zu Einzelthemen

Bücher und Zeitschriften

Grundsätzlich können Sie natürlich alle Bücher und Zeitschriften, die Sie lesen wollen, im Handel erwerben. Die Bücher stellen Sie nach Gebrauch in Ihr Bücherregal, die Zeitschriften geben Sie zum Altpapier oder sammeln sie eine Zeit lang, bevor sie dann doch irgendwann zum Altpapier wandern. Je nach unserem individuellen Lesebedarf geben wir oft beachtliche Beträge für Lektüre aus.

Auf der anderen Seite besitzt heute fast jede Gemeinde eine öffentliche Bücherei. In den letzten Jahren wurden die meisten Büchereien vergrößert und renoviert, sodass dort eine angenehme Atmosphäre herrscht.

Im Allgemeinen ist die Ausleihe kostenlos. In einigen Büchereien wird eine zumeist geringe Gebühr von bis zu 24,– DM im Jahr erhoben; Schüler, Studenten, Rentner und Schwerbeschädigte bekommen Ermäßigungen. Familien bezahlen den Betrag meist nur einmal.

Bücher kann man in der Regel für vier Wochen ausleihen; Zeitschriften, Kassetten und Spiele für zwei Wochen. Für alle Medien, die nicht vorbestellt wurden, kann die Frist zweimal verlängert werden. Insgesamt kann man Bücher also bis zu zwölf Wochen und Zeitschriften sowie Spiele bis zu sechs Wochen behalten. Wirklich sparen kann und sollte man sich deshalb die Mahngebühren, die anfallen, wenn man Ausgeliehenes zu spät abgibt.

Es kann zu einer schönen Gewohnheit werden, regelmäßig alle zwei Wochen in die Bücherei zu gehen, zu schauen, was es Neues gibt und welche Zeitschriften gerade zum Ausleihen zur Verfügung stehen. Auch die Ruhe, die dort herrscht, wirkt wohltuend angesichts unseres sonst so hektischen Lebens.

Der materielle Gewinn aus einer solchen Gewohnheit kann sich sehen lassen: Jemand, der sich zum Beispiel jeden Monat drei bestimmte Zeitschriften ausleiht, die pro Stück 10,– DM kosten, und der im Jahr zusätzlich sechs Bücher aus der Bücherei im Wert von circa 20,– DM liest, spart im Jahr 480,– DM.

Tageszeitung

Wann und wie lange lesen Sie in Ihrer Tageszeitung? Und welche besonderen Gewohnheiten haben Sie diesbezüglich?

Wenn Ihre Gewohnheiten mit denen eines Ihrer Nachbarn oder Kollegen vereinbar sind, käme für Sie eventuell ein gemeinsames Zeitungsabonnement in Frage. Beachten Sie aber: »Vereinbar« heißt hier nicht, dass Sie und Ihr Lieblingsnachbar die Zeitung jeden Tag um dieselbe Zeit und auf dieselbe Weise lesen. Sie können sich noch so gut verstehen, in diesem Fall werden Sie wohl schwer zu einer Einigung kommen. Besser ist es, man teilt sich die Zeitung mit Nachbarn oder Kollegen, die nicht denselben Rhythmus haben wie man selbst.

Roland las seine Zeitung immer, bevor er zur Arbeit ging, und das gefiel ihm auch so. Jetzt arbeitet er aber schon seit einem Jahr in Frühschicht, sodass er um 5.30 Uhr aus dem Haus muss. Die Zeitung kommt aber erst um 6 Uhr. Infolgedessen liest er seine Zeitung jetzt nachmittags nach der Arbeit. Als Nachbar könnte man nun gut mit ihm die Zeitung teilen, wenn man sie selbst vor der Arbeit lesen möchte.

Außer der genannten sind viele andere Varianten eines gemeinsamen Zeitungsabonnements vorstellbar. Leider haben viele von uns nicht gelernt, offen und ehrlich miteinander zu reden. Eine gemeinsame Zeitung kann aber nur dann für beide Seiten Vorteile bringen, wenn jeder seine Bedürfnisse und Wünsche ganz klar formulieren kann. Wenn man sich nicht ganz sicher ist, ob es mit dem betreffenden Nachbarn »klappt«, kann man die Zeitung auch für eine bestimmte Zeit zur Probe bestellen und nach der vereinbarten Frist gemeinsam entscheiden, ob man das Arrangement fortsetzen möchte oder nicht.

Nehmen wir einmal an, Ihre Tageszeitung kostet im Monat 36,– DM. Das sind im Jahr 432,– DM. Wenn Sie davon nur die Hälfte zahlen müssen, sparen Sie also 216,– DM im Jahr, ohne deshalb auf die Zeitung und Ihre Gewohnheiten verzichten zu müssen.

Fehlkäufe vermeiden

Als ich meine zusätzliche Ausbildung zur Handelsfachwirtin absolvierte, bekamen wir von einem Dozenten einen sehr guten Tipp.

Er meinte, für unsere Ausbildung sei es unumgänglich, sich ein Wirtschaftslexikon anzuschaffen, denn immer wieder würden Begriffe fallen, mit denen wir zunächst nichts anfangen könnten. Wir sollten uns aber nicht irgendein Lexikon kaufen, sondern mit viel Zeit eine Buchhandlung besuchen und uns alle Wirtschaftslexika vorlegen lassen. Dann sollten wir drei bestimmte Begriffe aus jedem Buch heraussuchen und die Erklärungen hierzu aufmerksam durchlesen. Denn jedes Lexikon erklärt die Begriffe etwas anders. Am Ende sollten wir uns für jenes Lexikon entscheiden, dessen Erklärungen unseren persönlichen Bedürfnissen und unserem Kenntnisstand am besten entsprachen.

Ich machte mich also auf den Weg in eine Buchhandlung und nahm mir eine Stunde Zeit. Ich ließ mir alle Wirtschaftslexika vorlegen (es waren etwa zehn), vom billigen Taschenbuch bis zur teuersten gebundenen Ausgabe. Zu Hause hatte ich mir drei Begriffe aufgeschrieben, die ich nicht verstand. Bei einigen Lexika konnte ich mir nun die Begriffserklärung dreimal durchlesen und war anschließend nicht klüger als vorher. Andere Beschreibungen waren so ausführlich, dass man von der Fülle der Worte erschlagen wurde. So blieben am Ende nur zwei Lexika in der engeren Wahl. Ich schlug dann nochmals drei andere Begriffe nach und entschied mich schließlich für ein Taschenbuch.

Der praktische Umgang mit diesem sehr sorgfältig ausgesuchten Wirtschaftslexikon zeigte mir in der Folgezeit, dass ich richtig gewählt hatte. Denn auch meine Mitschüler aus diesem Lehrgang schlugen immer wieder in meinem Lexikon die Begriffe nach, obwohl sie ein eigenes Lexikon hatten. Viele hatten nämlich irgendein Lexikon gekauft und den guten Tipp unseres Dozenten in den Wind geschlagen.

Die eine Stunde Zeit, die ich für den Kauf investierte, hat sich also im Nachhinein sehr wohl ausgezahlt.

Unentschlossenheit kommt oft sehr teuer

Tanja besuchte eine berufliche Fortbildung zur Handelsfachwirtin. Die Ausbildung lief über 1 ½ Jahre und kostete 3900, – DM. Tanja besuchte den Lehrgang nur unregelmäßig und zum Schluss hin nur noch sehr selten. Sie musste aber die volle Teilnehmergebühr bezahlen. Am Ende nahm sie auch nicht an der Prüfung teil.

Außerdem kaufte Tanja zusammen mit ihrem Freund ein neues Auto, einen Vitara von Suzuki auf Raten. Mit einigen Extras löhnten die beiden dafür 33 000,– DM. Nach einem halben Jahr merkten sie, dass ihnen das Auto zu teuer kam, und verkauften es. Bei Neuwagen ist der Wertverlust am höchsten. Rechnet man die Kosten für den Kredit und den Wertverlust beim Wiederverkauf zusammen, kostete sie der Vitara in diesem halben Jahr 7000,– DM. Danach kauften sie sich ein kleineres Auto.

Katharina und Bernd besuchten den gleichen Lehrgang zum Handelsfachwirt wie Tanja. Nach 6 bis 8 Wochen stellten sie fest, dass er nicht ihren Erwartungen entsprach. So meldeten sie sich sofort wieder ab, mussten aber je 650,– DM dafür bezahlen.

Heike kaufte sich 1994 eine 40-m^2-Eigentumswohnung für 95 000,– DM und finanzierte sie zu zwei Drittel durch Kredite. Ein Drittel hatte sie zuvor angespart. Sie hatte großes Pech mit ihrem Mieter, sodass ihr der Stress mit der Wohnung mittlerweile zu viel wird. Nun will sie die Wohnung für 90 000,– DM verkaufen. Obwohl dieser Preis noch unter dem ursprünglich von Heike bezahlten Einkaufspreis liegt, wird sie das Objekt nicht los. Denn 1994 waren die Immobilienpreise recht hoch, in den letzten zwei Jahren sind sie jedoch stark gesunken.

Immobilien sind eine langfristige Geldanlage. Sie zahlen sich erst sehr spät aus, denn Grunderwerbssteuer, Notarkosten, Eintragungskosten usw. schlagen am Anfang kräftig zu Buche.

Am besten ist es, wenn man Immobilien in einer Niedrigpreisphase kauft und sie in einer Hochpreisphase wieder verkauft. In der Vergangenheit waren die Immobilien einem zyklischen Auf und Ab unterworfen. Dies wird wohl auch in Zukunft so sein, und man tut gut daran, es zu berücksichtigen.

Aus allen genannten Fällen lässt sich eine Lehre ziehen: Man sollte genau wissen, was man will, und sich ausführlich informieren, bevor man langfristige Verpflichtungen eingeht. Hat man sich dann entschieden, sollte man das einmal Begonnene, wenn es irgendwie geht, konsequent zu Ende führen. Wenn Sie »aussteigen« oder unentschlossen sind, zahlen Sie immer drauf. Sollte es einmal absolut unvermeidlich sein, ein Projekt vorzeitig abzubrechen, tun Sie es möglichst rasch und endgültig, denn während Sie noch um Ihre Entscheidung ringen, laufen die Kosten ständig weiter.

Nach Möglichkeit nie auf Kredit einkaufen

Petra zog nach ihrer Lehre als Arzthelferin in eine andere Stadt, wo sie eine neue Arbeitsstelle gefunden hatte. Da sie keine Ersparnisse besaß und vorher bei ihren Eltern gelebt hatte, nahm sie ihre alten Möbel mit. Außerdem bekam sie noch ein paar Möbelstücke von ihren Großeltern geschenkt. Nur das Kücheninventar fehlte ihr noch. So nahm sie einen Kredit von 2000,– DM auf. Die Zinsen hierfür betrugen ca. 10%. Sie musste im Monat 100,– DM zurückbezahlen. Und das 26 Monate lang. Für die 2000,– DM, die sie von der Bank bekam, kaufte sie sich das Wichtigste für die Küche.

Maria kam zur gleichen Zeit, ebenfalls aus beruflichen Gründen, in eine fremde Stadt. Sie hatte sich selbständig gemacht und ihr ganzes Erspartes in ihren Laden gesteckt. Auch sie hatte bisher bei ihren Eltern gelebt und nahm alle Möbel aus ihrem Jugendzimmer mit. Auch sie bekam ein paar alte Möbelstücke von Verwandten. Auch ihr fehlten einige Teile in der Küche. Maria wollte aber hierfür keinen Kredit aufnehmen. Sie benutzte vorerst ihr Campinggeschirr und behalf sich mit dem, was sie hatte. Jedes Mal am Monatsende, wenn sie etwas übrig hatte, kaufte sie sich das Notwendigste.

Im Gegensatz zu Maria hatte Petra sofort alle Gegenstände, die sie in der Küche brauchte, zur Verfügung. Sie musste dafür aber anstatt 2000,– DM letztendlich 2600,– DM bezahlen. Maria, die zuerst auf manches verzichten musste, da sie erst nach und nach ihre fehlenden Einrichtungsstücke kaufen konnte, hatte nach 20 Monaten 600,– DM mehr zur Verfügung und konnte sich dadurch einiges leisten, auf das nun wiederum Petra verzichten musste. Diese war anfangs natürlich sehr von ihrem Kredit überzeugt, denn sie sah, wie mühelos sie sich die fehlenden Küchengegenstände anschaffen konnte. Als die 20 Monate abgelaufen waren, wurde ihr jedoch bewusst, dass sie nun für sechs weitere Monate je 100,– DM würde bezahlen müssen, von denen niemand mehr etwas hatte – außer der Bank.

Wohnungsauflösungen

Vielleicht mussten Sie auch schon einmal eine Wohnung wegen eines Todesfalles in der Familie auflösen. Oder Sie haben von Bekannten etwas darüber erfahren. Für die Hinterbliebenen stellt ein solcher Vorgang oft eine große seelische Belastung dar, denn einerseits hängt man an vielen Gegenständen, weil sie mit Erinnerungen an die verstorbene Person verbunden sind; andererseits weiß man genau, dass man damit jetzt nichts mehr anfangen kann.

Da es sehr viele Wohnungsauflösungen gibt, ist logischerweise ein Überangebot an entsprechenden gebrauchten Dingen auf dem Markt. Die Verkäufer können dafür kaum mehr einen vernünftigen Preis erzielen. Selbst wenn die Elektrogeräte oder Polstergarnituren erst zwei Jahre alt sind, sind sie nicht leicht an den Mann oder an die Frau zu bringen.

Umso besser stellt sich die Situation jedoch für potenzielle Käufer dar. Falls Sie sich etwas kaufen möchten und bereit sind, gebrauchte Einrichtungsgegenstände zu akzeptieren, steht Ihnen hier eine breite Angebotspalette zu außerordentlich günstigen Preisen zur Verfügung. Sie müssen sich nur immer wieder die Zeitungen vornehmen und auf entsprechende Anzeigen reagieren.

Lassen Sie sich die Teile, die zum Verkauf stehen, sehr genau beschreiben, damit Sie nicht umsonst weite Wege zurücklegen müssen. Wenn Sie genügend Zeit und Geduld mitbringen, um notfalls auch mehrere Objekte zu besichtigen, können Sie hier so manches Schnäppchen machen. Der Preis dürfte so gut wie immer unter dem tatsächlichen Gebrauchswert des jeweiligen Gegenstands liegen. Auf diese Weise können Sie sich Ihre Wohnung oder auch nur Teile der Wohnung sehr billig einrichten. Oft gibt es sogar etwas geschenkt – für Selbstabholer. Viele Menschen, die mit einer Wohnungsauflösung beschäftigt sind, haben nur noch den einen Wunsch: den »Kram« so schnell wie möglich vom Hals zu haben, auch wenn dies mit großen finanziellen Verlusten verbunden ist.

Es gibt auch ganz Gewiefte, die bei Wohnungsauflösungen eine Menge kleinerer Gegenstände ergattern, um sie dann auf Flohmärkten weiter zu verkaufen. Wer Zeit und Spaß an einer solchen Tätigkeit hat, kann sich auf diese Weise leicht ein paar Mark nebenher verdienen. Mit der Zeit bekommt man auch genau heraus, was sich für welchen Preis verscherbeln lässt.

Versteigerungen

In jeder Stadt finden regelmäßig monatlich oder halbjährlich Versteigerungen von Pfandgegenständen statt. Die Termine werden über die Tageszeitungen veröffentlicht. Dort wird alles Mögliche versteigert: von Stereoanlagen, Fernsehern und sonstigen elektrischen Geräten über Teppiche und Pelze bis hin zu Schmuck. Ich habe festgestellt, dass häufig Schmuckhändler mitsteigern, die meisten Besucher sind jedoch Privatpersonen. Viele sind auch nur zum Zuschauen da. Die Stimmung bei einer solchen Versteigerung ist richtig spannend. Manchmal haben sich zwei Rivalen in ein bestimmtes Stück geradezu verbissen und schaukeln sich mit ihren Angeboten gegenseitig immer höher auf. Bei anderen Gegenständen wiederum steigt niemand richtig ein.

Wenn man selbst mitsteigern will, ist es wichtig, sich schnell zu überlegen, ob man genau diesen Gegenstand braucht und wie viel er einem wert ist. Es besteht grundsätzlich die Gefahr, dass man im Eifer des Gefechts zu hoch mitsteigert und am Ende zwar über seinen Sieg erfreut ist, jedoch viel mehr bezahlt hat, als die Sache wert ist. Vielleicht ersteigert man auch etwas, das zwar tatsächlich sehr günstig ist, das man aber im Grunde genommen gar nicht braucht.

Versteigerungen laufen ungefähr folgendermaßen ab: Der Versteigerer beschreibt kurz den Gegenstand (zum Beispiel Alter, eventuelle Garantie, eventueller Neupreis u. a.), dann nennt er eine Zahl. Dies ist der Mindestpreis, den er für das betreffende Objekt erzielen möchte. Wenn jemand Interesse hat, hebt er einfach die Hand. Der Versteigerer geht dann immer schrittweise mit dem Betrag höher. Wenn er merkt, dass nun kein weiteres Angebot durch Handzeichen kommt, sagt er: »Zum Ersten – zum Zweiten – zum Dritten.« Bei »zum Dritten« erfolgt der Hammerschlag, und keine weiteren Angebote können mehr gemacht werden.

Wenn Sie einmal Zeit haben und etwas Besonderes erleben möchten, gehen Sie ruhig zu einer Versteigerung von Pfandsachen. Diese Veranstaltungen finden meist am Samstagvormittag bis in den Nachmittag hinein statt. Es herrscht dort immer ein Kommen und Gehen.

Auch Wohnungen und Häuser werden versteigert. Die betreffenden Objekte hängen in den zuständigen Amtsgerichten aus und kommen dort auch unter den Hammer. Man kann Glück haben und dort genau sein Wunschobjekt finden und eventuell auch günstig ersteigern. Natürlich ist häufig gerade das, was man sucht, im Moment nicht im Angebot. Versteigert werden Immobilien meist nur dann, wenn ihre Besitzer, egal aus welchen Gründen, den Verpflichtungen nicht mehr nachkommen können.

Zu jeder Immobilie existiert ein Gutachten, aus dem man Lage, Größe, Alter, Zustand und andere Details über das Objekt erfahren kann. Der Gutachter legt dementsprechend auch den so genannten Verkehrswert fest. Bei einer solchen Veranstaltung wird die Versteigerung von einem Richter des zuständigen Amtsgerichts übernommen.

Bei der ersten Versteigerung einer Immobilie muss mindestens ein Betrag in Höhe von 70% des Verkehrswertes genannt werden. Unter diesem Wert sollte das Objekt nicht hergegeben werden. Diese Regelung dient dem Schutz der alten Besitzer. Sollte das Objekt bei der ersten Versteigerung jedoch nicht verkauft werden können, wird ein neuer Termin anberaumt. Bei diesem zweiten Termin darf dann jeder Betrag, auch unterhalb von 70% des Verkehrswertes, genannt werden. Manchmal gibt es für ein Objekt auch so viele Interessenten, dass zum Schluss der ersteigerte Betrag höher ausfällt als der Verkehrswert.

Wenn Sie bei einer Versteigerung von Immobilien mitmachen möchten, informieren Sie sich vorher gründlich auf dem zuständigen Amtsgericht. Denn Sie müssen eine Bestätigung darüber mitbringen, dass Sie über 10% des ersteigerten Betrages verfügen.

Auch hier kann man einfach mal als Zuschauer hineinschnuppern. Versteigerungen dieser Art finden meist unter der Woche am Vormittag statt.

Veranstaltungen erst zum Schluss besuchen

Für viele Veranstaltungen wird ein sehr hohes Eintrittsgeld verlangt. Da liegt es nahe, sich eines kleinen Tricks zu bedienen, um ohne Kosten wenigstens noch am Rande an dem Geschehen teilnehmen zu können. Bei vielen Sportereignissen kann man nach der Pause oder in den letzten 10 Minuten noch umsonst hinein. Zum Beispiel auf dem Fußballplatz. Verbinden Sie den Weg dorthin mit einer anderen Erledigung und schauen Sie einfach noch kurz zum Schluss herein.

Bei Tanz- oder Vereinsveranstaltungen mit Aufführungen sind die Kassen gegen Ende häufig nicht mehr besetzt. Sie müssen ja nicht deutlich sagen, dass Sie am liebsten umsonst hinein wollen. Entschuldigen Sie sich doch einfach, dass Sie nicht früher kommen konnten, weil Sie so ungeheuer beschäftigt waren. Viel beschäftigt zu sein steht bekanntlich in unserer Gesellschaft in hohem Ansehen.

Gebrauchtwarenmarkt

Es gibt Städte, in denen das Arbeitsamt Gebrauchtwarenhäuser einrichtet. Sie dienen meistens als Arbeitsbeschaffungsmaßnahmen für Langzeitarbeitslose. In Ulm wird dies zum Beispiel folgendermaßen gehandhabt: Wenn man gebrauchte Gegenstände verkaufen möchte, bringt man sie dort vorbei und legt gemeinsam mit den Verkäufern vor Ort einen Preis fest. Wird das Objekt verkauft, bekommt man selbst die Hälfte des Erlöses; die andere Hälfte behält das Arbeitsamt. Nach zwei Monaten bekommt man entweder das Geld für die verkauften Gegenstände ausgehändigt oder man hat die Gelegenheit, die Preise für seine Ladenhüter zu senken bzw. diese wieder mit nach Hause zu nehmen.

Die Arbeitsämter verfolgen mit ihrem Projekt eine doppelte Absicht: Einerseits möchten sie denjenigen, die über ein geringes Einkommen verfügen, die Möglichkeit bieten, gebrauchte Sachen zu einem günstigen Preis zu erwerben; andererseits soll damit Langzeitarbeitslosen geholfen werden, die dort als Mitarbeiter einen Einjahresvertrag erhalten und sich danach wieder leichter ins Berufsleben integrieren lassen.

Auch Sie können, wenn Sie wollen, von dieser segensreichen Einrichtung profitieren, wenn Sie zum Beispiel getragene Kleidungsstücke oder gebrauchte Haushaltsgegenstände loswerden wollen, aber keine Zeit und Lust haben, ganze Samstage auf zugigen, hektischen Flohmärkten zuzubringen und mit potenziellen Käufern um Pfennigbeträge zu feilschen. Ein paar Mark extra springen dabei immer heraus, und dies ziemlich mühelos.

Rufen Sie doch einfach in Ihrem zuständigen Arbeitsamt an und erkundigen Sie sich, ob es in Ihrer Stadt auch einen Gebrauchtwarenmarkt gibt.

Überdies gibt es viele kleine Modegeschäfte, die nur Secondhand-Kleidung führen. Auch hier bietet sich Ihnen eine Möglichkeit, ohne große Anstrengung aus nicht mehr benötigten Dingen Geld zu machen. Viele Geschäfte führen allerdings nur teure Markenartikel, da diese sich von der Gewinnspanne her eher für sie lohnen. Werden Sie also gar nicht erst neidisch, wenn Ihnen jemand mit superteuren Klamotten über den Weg läuft. Vielleicht handelt es sich ja um die Secondhand-Schickeria (was solche Leute natürlich niemals zugeben würden).

Versicherungen vergleichen

Ein schönes Beispiel dafür, wie man viel Geld ausgeben kann, ohne dadurch auch nur den geringsten zusätzlichen Nutzen zu haben, sind Versicherungen. Die Beitragsunterschiede sind hier oft gewaltig; das, was man dafür bekommt, ist dagegen meist das Gleiche. Beispiel Autoversicherung: Das Leistungspaket, das angeboten wird, ist bei allen Versicherungen beinahe identisch, egal, ob man bei einer teuren Versicherungsgesellschaft abschließt oder bei einer günstigen. Ähnliches gilt für Haftpflichtversicherung. Lesen Sie die Vertragsbedingungen immer sorgfältig durch. Manchmal gibt es Rabatte: zum Beispiel für ein Garagenfahrzeug, bei geringer Kilometerleistung oder für Frauen, die laut Statistik deutlich weniger in Unfälle verwickelt sind.

Franziska bezahlte für ihre bisherige Kraftfahrzeug-Haftpflichtversicherung 800,– DM im Jahr. Sie erkundigte sich bei anderen Versicherungsgesellschaften und kündigte daraufhin ihre alte fristgerecht zum 1. Januar. Nun zahlt sie bei ihrer neuen Versicherung 500,– DM, also jährlich 300,– DM weniger. In ihrem Fall betrifft dies die exakt gleiche Leistung, sodass sie für einen Gewinn von 300,– DM nicht die geringste Einbuße hinnehmen muss.

Etwas anders erging es einem Paar, das ich hier Maria und Sebastian nennen möchte: Maria besaß einen Kleinwagen, der auf ihren Namen zugelassen war. Als Sebastians Auto nicht mehr durch den TÜV kam, kauften sie gemeinsam ein neues Auto. Da Maria aufgrund ihrer unfallfreien Fahrweise von der Versicherung weit günstiger eingestuft worden war als Sebastian, meldete sie das neue, größere Auto auf ihren Namen an. Er übernahm dafür das Auto, das bisher Maria gefahren hatte. Wie immer ging er dafür zu seinem Versicherungsvertreter vor Ort. Als Maria mitbekam, was Sebastian zu zahlen hatte, traute sie ihren Augen nicht. Sie wusste zwar, dass er von der Prozentzahl her doppelt so hoch eingestuft war wie sie; was sie jedoch nicht für möglich gehalten hatte, war, dass er nicht etwa den doppelten, sondern den vierfachen Beitrag für seine Versicherung berappen musste. Wäre er die ganze Zeit in Marias Gesellschaft versichert gewesen, hätte er rund die Hälfte seiner Beiträge sparen können, was über die Jahre eine beträchtliche Summe ausgemacht hätte.

Dieses Beispiel führt drastisch vor Augen, dass die richtige Information zum richtigen Zeitpunkt in vielen Fällen bares Geld bedeuten kann. Es gibt (auch in Büchereien) Zeitschriften mit Versicherungstests, die die Auswahl der preiswertesten Versicherung erleichtern.

Am besten ist es natürlich, man bedenkt das alles *vor* Abschluss einer Versicherung; aber spät und unter Einhaltung der korrekten Kündigungsfrist umzusteigen ist immer noch besser als überhaupt nicht umzusteigen. Das kostet zwar erstmal etwas Zeit, aber auf Jahre gerechnet rentiert es sich auf jeden Fall, genau informiert zu sein.

Nehmen wir einmal an, Franziska hätte für ihren Vergleich der verschiedenen Versicherungen sechs Stunden Zeit benötigt. Sie sparte schon im ersten Jahr 300,– DM, was einem Stundenlohn von 50,– entspricht. Spart Franziska die selbe Summe zehn Jahre lang, so entspricht dies sogar einem Stundenlohn von 500,– DM. Wer verdient schon so viel Geld? Die meisten von uns träumen nur davon, und wenn einmal die Gelegenheit da ist, tatsächlich so viel zu verdienen, dann scheuen wir das bisschen Mühe, das dafür notwendig wäre. Warum? Es ist so viel einfacher und bequemer, alles beim Alten zu lassen. Jeder Aufbruch zu neuen Ufern kostet das Gewohnheitstier Mensch enorme Überwindung. Vielleicht hat unser Zahlenbeispiel Ihnen aber lebhaft vor Augen geführt, welch hohen Preis wir oftmals für unsere Bequemlichkeit zahlen. Das nötige Bewusstsein haben Sie nun, handeln müssen Sie selbst.

Auch bei anderen Arten von Versicherungen sollten wir unbedingt Vergleiche anstellen. Manchmal sind, um ein bestehendes Versicherungsverhältnis aufzulösen, gewisse Hürden zu überwinden, aber letztendlich ist es immer möglich, wenn nur der feste Wille vorhanden ist.

Gemeinsam geht natürlich vieles leichter. Vielleicht tun Sie sich einmal an einem verregneten Wochenende mit einem guten Freund oder einer guten Freundin zusammen und nehmen sich die Versicherungen vor, die Sie bisher abgeschlossen haben. Hierzu nehmen Sie am besten Testhefte und andere verfügbare Informationen zur Hand (es gibt auch eine Reihe von Büchern zum Thema).

Tauschen Sie also in entspannter Atmosphäre Ihre Meinungen über die anstehenden Fragen aus: Welche Versicherungen brauche ich unbedingt? Welche Versicherungen sind überflüssig geworden? Für welche zahle ich zu viel (ohne dafür ein Mehr an Leistungen zu erhalten)? Auch wenn es gewiss angenehmere Freizeitbeschäftigungen gibt: Die investierte Zeit werden Sie im Nachhinein mit Sicherheit nicht bereuen.

Fahrtkosten für öffentliche Verkehrsmittel

Denis musste beruflich nach Bremen. Er nahm sich einen Leihwagen von Ulm bis zum Stuttgarter Flughafen und flog dann mit dem Flugzeug nach Bremen. Die Kosten hierfür betrugen hin und zurück 600,– DM.

Raffael fuhr von Ulm aus mit dem Zug und bezahlte für die gleiche Strecke 452,– DM.

Anneliese beschloss, die gleiche Fahrt nicht an einem Freitag oder einem Sonntag anzutreten, und konnte so das Supersparpreis-Angebot der Bahn wahrnehmen. Das Ticket kostete 239,– DM.

Alle drei hatten die gleiche Strecke zurückzulegen; trotzdem war ihr Kostenaufwand völlig verschieden.

Wichtig ist, dass man sich über die Fahrpreise und Ermäßigungen rechtzeitig informiert, um das beste Angebot herauszusuchen. Scheuen Sie sich nicht, beim Fahrkartenkauf oder besser schon in der Planungsphase nach günstigen Alternativen zu fragen.

Zum Beispiel zahlt bei der Bahn ein weiterer Mitfahrer nur die Hälfte. Mit der Bahncard zahlt man selbst ebenfalls nur die Hälfte. Sie kostet 240,– DM pro Jahr (für Senioren und Schüler weniger). Die Bahncard lohnt sich vor allem für Leute, die häufig mit dem Zug fahren. Jeder muss natürlich für sich selbst entscheiden, ob sich diese Investition für ihn lohnt. Wenn Ihnen die meisten Urlaubsreisen und beruflichen Fahrten schon im Voraus bekannt sind, können Sie zum Jahresanfang ausrechnen, wie viele Kilometer Sie vermutlich zurücklegen werden.

Das Wochenendticket für 35,– DM (gültig nur für bestimmte Züge) ist eine sehr günstige Alternative für Strecken bis zu 200 km. Man darf damit auch weiter fahren, aber dann kann die Fahrt mit Stress verbunden sein, da man nur langsam vorwärts kommt und ständig umsteigen muss. Für Familien und Paare ist dieses Ticket natürlich besonders lohnenswert; aber auch für Alleinfahrer stellt es immer noch eine sehr preisgünstige Möglichkeit dar.

Das Wochenendticket gilt

- für bis zu zwei Erwachsene
- für zwei Erwachsene und alle ihre eigenen Kinder bis 17 Jahre
- für bis zu fünf Jugendliche bis 17 Jahre

Ein Tipp für Jugendliche: Steigt einfach in den Zug und fragt Reisende, ob sie ein Wochenendticket haben und euch mitnehmen. Ihr könnt auch schon am Bahnsteig fragen. Das Ticket gilt, wie gesagt, für bis zu fünf Personen unter 18 Jahren. Zu Jugendlichen, die nett und höflich fragen, sagt kaum einer Nein. Denn der Besitzer der Fahrkarte hat dadurch ja keinerlei Nachteile.

Drei Tipps für Erwachsene:

1. Wenn Sie nur eine kurze Strecke fahren möchten, können Sie es wie die Jugendlichen machen. Aber bieten Sie eine angemessene finanzielle Beteiligung an. Zum Beispiel die Hälfte der Summe, die Sie normalerweise hätten bezahlen müssen.

2. Wenn Sie das Wochenendticket ab Sonntagnachmittag nutzen wollen, fahren Sie von einem größeren Bahnhof ab und fragen Sie die ankommenden Fahrgäste am Ausgang, ob diese ihr Wochenendticket noch benötigen. Wenn Sie dafür auch noch einen kleineren Betrag springen lassen, wird Ihnen der Vorbesitzer dafür sogar dankbar sein.

3. Wenn Sie das Wochenendticket nur am Samstag benötigen, stellen Sie sich nach Ihrer Fahrt an den Kartenautomaten und fragen alle Automatenbenutzer, ob sie Ihnen Ihre Karte verbilligt abkaufen möchten.

Das sind zwar kleine Tricks, aber sie sind durchaus legal, denn das Wochenendticket ist übertragbar.

Stromverbrauch

Viele Energieversorgungsunternehmen verleihen Strommessgeräte, die meisten sogar kostenlos. Man muss sie nur vorbestellen und bei Abholung eine Kaution hinterlegen, die man bei Rückgabe wieder zurückbekommt.

Die größten Stromverbraucher im Haushalt sind Kühlschrank und Gefrierschrank. Meine Kühl- und Gefrierkombination verbraucht am Tag, also innerhalb von 24 Stunden, Strom im Wert von 45,3 Pfennigen. Im Monat sind das 13,59 DM, im Jahr 163,08 DM. Allerdings ist mein Gerät schon zehn Jahre alt. Je älter diese Geräte sind, umso mehr Energie verbrauchen sie in der Regel. Wenn man sich deswegen jedoch auf die Schnelle ein neues Gerät zulegen möchte, muss man natürlich auch den Anschaffungspreis einkalkulieren.

Vor dem Kauf eines neuen Kühlschranks oder Gefrierschranks sollten Sie unbedingt Ihren persönlichen Bedarf berechnen. Denn ein zu großes Gerät verbraucht unnötig mehr Energie. Wenn Ihnen ein kleineres ausreicht, müssen Sie auf nichts verzichten und sparen sowohl bei den Anschaffungskosten als auch monatlich einiges an Stromkosten. Außerdem verbrauchen volle Kühl- und Gefrierschränke weniger Strom, da weniger Luft gekühlt werden muss.

Weitere Stromfresser sind die Geräte der Unterhaltungselektronik. Ich besitze z. B. einen Radiorecorder, der noch im ausgeschalteten Zustand Strom verbraucht. Das habe ich aber erst erfahren, nachdem ich mir ein Strommessgerät ausgeliehen hatte. Da an meinem Radiorecorder im ausgeschalteten Zustand kein Licht leuchtet, zog ich die naive Schlussfolgerung, dass kein Strom verbraucht wurde. Tatsächlich verbrauchte mein Gerät aber im ausgeschalteten Zustand 0,07 Pfennige in der Stunde. Ein lächerlicher Betrag, werden Sie jetzt vielleicht denken. Wenn man weiter rechnet, sind dies aber pro Tag fast 2 Pfennige, im Monat über 50 Pfennige und im Jahr immerhin 6,– DM. Nicht viel, aber mit Sicherheit *zu* viel für eine Funktion, von der ich nicht den geringsten Nutzen habe.

Noch mehr ins Gewicht fällt die Stand-by-Funktion bei Fernsehgeräten. Mein Fernseher verbraucht in diesem Zustand 0,66 Pfennige pro Stunde. Das ergibt am Tag 15,8 Pfennige und im Monat 4,75 DM, im Jahr sogar 57,– DM. Auch hier ist das Geld zum Fenster herausgeworfen, denn was habe ich schon davon, wenn mein Fernseher im Stand-by-Betrieb weiterläuft, während ich nicht zu Hause bin.

Ein ausgeschalteter Videorecorder, bei dem die Uhranzeige weiter funktioniert, verbraucht im Jahr für 34,69 DM Strom. Bei einem Mikrowellenherd sind dies bei gleicher Einstellung immerhin noch 10,16 DM im Jahr. Ein Anrufbeantworter, der immer betriebsbereit ist, verbraucht in diesem Zustand im Jahr für 12,41 DM Strom.

Alle genannten Geräte zusammen benötigen die stolze Summe von rund 283,– DM im Jahr.

Die folgenden Grafiken zeigen, dass die Stand-by-Nutzung bei Fernseher, Radio und CD-Spieler sogar deutlich mehr Strom verbraucht als die eigentliche Nutzung, die für Sie mit einem tatsächlichen Genuss verbunden ist. Die Beispiele gehen davon aus, dass das jeweilige Gerät im Durchschnitt jeden Tag für zwei Stunden in Betrieb ist; die restlichen 22 Stunden steht das Gerät betriebsbereit auf Stand by. Für eine Kilowattstunde wurden 37 Pfennige veranschlagt. Die genannten Zahlen beziehen sich auf ein Jahr.

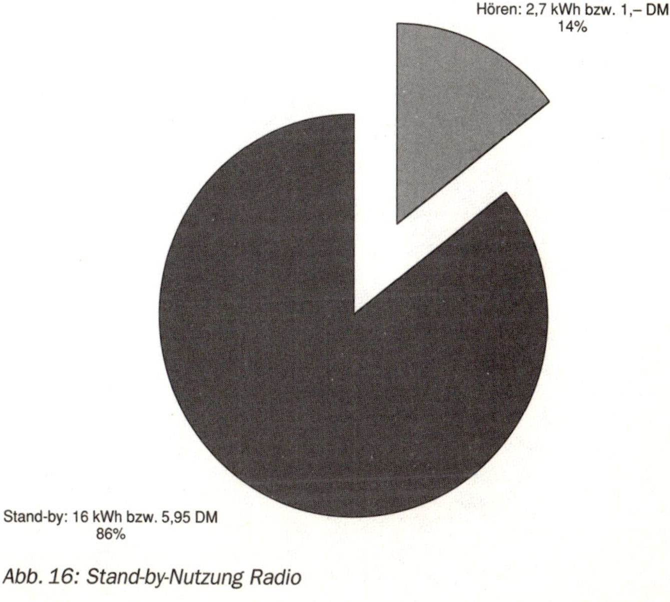

Abb. 16: Stand-by-Nutzung Radio

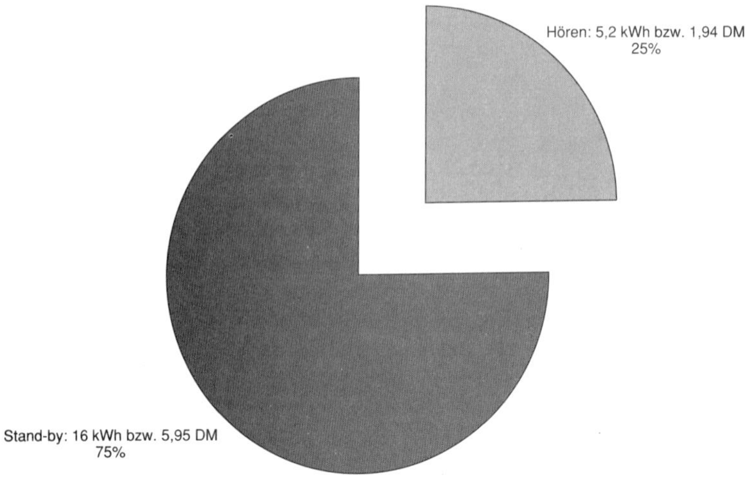

Abb. 17: Stand-by-Nutzung CD-Player

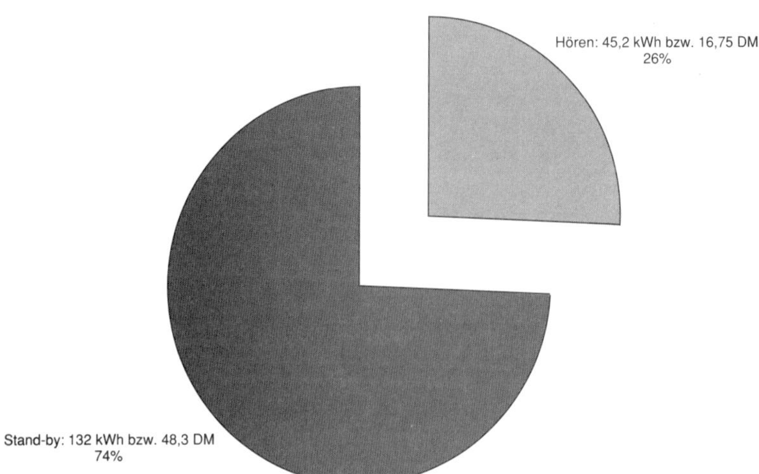

Abb. 18: Stand-by-Nutzung Fernseher

Was kann man gegen diesen unnötigen Stromverbrauch tun? Die besten Dienste leisten Mehrfachsteckdosen, die einen Schalter zum Ein- und Ausschalten besitzen. Diesen kann man am Abend, wenn man sicher ist, Fernseher, Videorecorder und Stereoanlage nicht mehr zu benötigen, ausschalten. So ist die Stromzufuhr für alle Geräte gleichzeitig unterbrochen. Denn jedes Gerät einzeln auszustecken ist umständlich.

Energiesparlampen sind zwar in der Anschaffung teurer, rentieren sich aber auf lange Sicht. Statten Sie also am besten vor allem solche Lampen, die sehr häufig benutzt werden, mit Energiesparbirnen aus.

Nachtstrom nutzen

Haushalte, die über Nachtstrom verfügen, sind mit zwei Stromzählern ausgestattet. Einen für tagsüber und einen zweiten, der den Stromverbrauch zwischen 21 Uhr abends und 6 Uhr morgens misst. Der Nachtstrom kostet ziemlich genau die Hälfte der tagsüber verbrauchten Energie. Damit wollen die Energieunternehmen bezwecken, dass viele ihren Verbrauch auf die Nacht verlegen. Denn die Bewältigung der »Stoßzeiten«, zu denen am meisten Strom verbraucht wird, ist für die Stromerzeuger besonders kostenintensiv. Das ist z. B. am Montagvormittag zwischen 11 und 12 Uhr der Fall. Denn in vielen Haushalten wird um diese Zeit gekocht und gleichzeitig die Wäsche gewaschen. Nutzen Sie das Nachtstrom-Angebot unbedingt, wenn Sie die Möglichkeit dazu haben. (Leider sind ja nicht alle Haushalte damit ausgestattet.)

Theo und Dorothea haben ihre Waschmaschine im Keller stehen und nutzen sie mit Hilfe einer Zeitschaltuhr. Sie machen ihre Waschmaschine abends waschbereit und stellen die Schaltuhr auf 4.30 Uhr, sodass die Waschmaschine vor 6 Uhr fertig ist. Am Morgen, nachdem sie aufgestanden sind, wird die Wäsche dann aufgehängt.

Bei Tagstrom ist für normale Waschmaschinen etwa folgender Stromverbrauch anzusetzen:

95 Grad ohne Vorwäsche	2,67 kW = 1,07 DM
60 Grad ohne Vorwäsche	1,87 kW = 0,75 DM
40 Grad Buntwäsche ohne Vorwäsche	0,971 kW = 0,39 DM

Wenn wir nun davon ausgehen, dass wir je einen dieser Waschgänge in der Woche durchführen, dann sind das 2,21 DM. Bei 52 Wochen werden daraus im Jahr 114,92 DM. Wenn man stattdessen den Nachtstrom nutzt, spart man genau die Hälfte, nämlich 57,– DM. Man muss nur seine Gewohnheiten ändern. Wenn Sie eine Geschirrspülmaschine haben, dann lassen Sie sie doch einfach auch nach 21 Uhr laufen. Sie können damit erheblich sparen, ohne zusätzliche Arbeit zu haben.

Instandsetzungsarbeiten selber machen

Baumärkte bieten fast alles für den Do-it-yourself-Handwerker an. Die Kosten für professionelle Handwerker sind sehr hoch, man kann also viel Geld sparen, wenn man sich zutraut, gewisse Arbeiten selbst auszuführen. Jeder sollte sich jedoch zunächst ehrlich fragen, was er guten Gewissens selbst erledigen kann und was nicht. Pfuscharbeit kann teuer zu stehen kommen, wenn am Ende mehr kaputt ist als vorher und die Handwerker dann doch gerufen werden müssen.

Ein Tipp zum Tapezieren: Wenn Sie noch nie tapeziert haben, es aber gerne mal versuchen möchten, dann fragen Sie Bekannte und Freunde, von denen Sie wissen, dass sie selbst tapezieren, ob Sie bei deren nächsten Tapezierarbeiten mithelfen können. Die Bitte wird man Ihnen kaum abschlagen, denn jeder ist froh über Hilfe. Sie können dann, während Sie Ihren Bekannten behilflich sind, über alle anfallenden Tätigkeiten eine Menge lernen. So sehen Sie z. B., wie der Kleister angerührt wird, ob und wie die alten Tapeten entfernt werden, welche Arbeitsmittel benötigt werden und wie die Arbeit am besten organisiert und eingeteilt wird. Sie können danach auch beurteilen, ob Ihnen diese Arbeit liegt oder ob Sie besser die Finger davon lassen.

Falls Sie sehen, dass Ihnen die Arbeit leicht von der Hand geht, können Sie Ihre Bekannten später fragen, ob sie Ihnen bei Ihrer ersten eigenen Arbeit behilflich sind. Wem Sie einmal geholfen haben, der ist auch eher bereit, Ihnen im Gegenzug zu helfen. So haben Sie gleich drei Fliegen mit einer Klappe geschlagen: Erstens konnten Sie den Bekannten helfen, zweitens haben Sie kostenlos den Arbeitsablauf kennengelernt, drittens können Sie später bei eigenen Arbeiten selbst Hilfe in Anspruch nehmen.

Georg ging auf die gleiche Weise vor, als er sich ein Fertighaus bauen ließ. Den Innenausbau wollte er selbst bewerkstelligen. Ein Jahr bevor der Bau beginnen sollte, renovierte gerade einer seiner Freunde sein Haus. Als er davon erfuhr, fragte er ihn, ob er ihm beim Fliesenlegen helfen könnte. Auf diese Weise konnte er seine Hilfe anbieten und gleichzeitig lernen, wie so etwas funktioniert. Nach einem Jahr half ihm sein Freund dann beim Fliesen der Toilette im neuen Haus.

Wenn man sich nur theoretisch (z. B. durch Lesen von Ratgeberbüchern) über diese Art von Arbeit informiert, kostet dies fast genau so viel Zeit wie das Ausprobieren in der Praxis. Wenn man jedoch seine Hilfe gezielt anbietet und dabei seine Absichten ehrlich erklärt, haben beide Seiten etwas davon – auch mißtrauische Leute, die sich durch ein solches Arrangement schnell ausgenutzt fühlen.

Noch ein Hinweis, den mir eine Freundin gegeben hat: Die Preise für Handwerkerleistungen sind in zunehmendem Maße verhandelbar. Wir sollten wieder lernen, geschickt zu feilschen!

Beispiel:
Innenrenovierung: 100-m^2-Wohnung

- Fliesen legen: Bad, WC, Küche
- Holzverkleidungen: Wohnzimmer, Flur
- Tapezieren: 4 Zimmer und Flur

Führen Sie diese Arbeiten selbst aus, so entstehen nur Materialkosten in Höhe von etwa 2000,– DM. Lassen Sie die Renovierung von einer Firma ausführen, so müssen Sie mit 10 000,– DM rechnen.

Preisbörse

Die Preisbörse bietet Informationen über die Preise von Produkten und Dienstleistungen jeder Art an – nach dem Motto »Manche nennen es Sparsamkeit. Wir nennen es Vernunft.«

Die Preisbörse nimmt den Kunden die zeitaufwändigen Preisvergleiche ab, recherchiert gezielt und informiert über das preisgünstigste Angebot – und dies neutral und unabhängig. Im Angebot sind nicht nur Luxus- und Gebrauchsartikel, sondern auch viele Arten von Dienstleistungen z. B. im Handwerks-, Speditions- oder Versicherungsbereich.

Das Honorar für die Preisbörse berechnet sich aus der Differenz zwischen jenem Preis, den der Kunde ursprünglich ermittelt hatte, und jenem, den das Unternehmen schließlich ermitteln kann. Diese Differenz macht ja die reale Einsparung des Kunden aus, die durch das Einschalten der Preisbörse möglich wurde. Auf dieser Basis berechnet die Preisbörse ihr Honorar: zwischen 30 und 45% der Preisdifferenz.

Die Preisbörse ist für all diejenigen von Vorteil, die das günstigste Angebot nutzen wollen, aber nicht die Zeit oder den Willen haben, bei mehreren Firmen Angebote einzuholen. Wer sich die Mühe macht, selbst das günstigste Angebot herauszufinden, spart natürlich auch das Honorar für die professionellen Schnäppchenjäger.

Vorsicht ist dennoch geboten: Oft ist das günstigste Angebot für Ihre persönlichen Bedürfnisse nicht unbedingt das beste. Manche Menschen legen sehr viel Wert auf Beratung und Kundendienst. Dann ist es oftmals besser, für das gleiche Produkt im Fachhandel etwas mehr zu bezahlen. Es kann auch im Einzelfall geschickter sein, ein paar Mark mehr beim Händler um die Ecke zu bezahlen, wo man weiß, dass man Ersatzteile und Zubehör später schneller bekommen kann.

Aus diesen Beispielen lernen wir: Der Preis allein macht unter Umständen nicht glücklich. Insbesondere wenn der Geldvorteil mit einem erheblichen Verlust an Zeit und/oder Qualität erkauft werden muss. Nur ein kritischer Kunde, der sich über seine Wünsche und Prioritäten voll und ganz im Klaren ist, ist gefeit dagegen, hier in so manche Falle zu tappen.

Die Adressen von örtlichen Preisbörsen können Sie dem Telefonbuch oder den »Gelben Seiten« entnehmen.

Kreative Verwertung von Geschenken

Als ich bei meiner Freundin Birgit zum Geburtstag eingeladen wurde, fiel mir sofort ein, was ich ihr schenken wollte. Wenn wir uns bei ihr treffen, trinken wir oft gemeinsam Tee. Da sie kein Stövchen besitzt, wird der Tee jedoch jedes Mal kalt. Was lag also näher, als ihr ein Stövchen zu kaufen? Ich ließ es schön in Geschenkpapier einpacken und überreichte es ihr an ihrem Ehrentag.

Nach dem Kaffee fing sie an, ihre Geschenke auszupacken. Zuerst das Geschenk ihres Bruders. Ich traute meinen Augen nicht: ein Stövchen. Im gleichen Augenblick sagte eine andere Freundin: »Oje, dann bekommst du ja zwei Stövchen!« Mein erster Gedanke war: Woher weiß die Freundin, dass sie von mir auch eines bekommt? Dann wurde mir die ganze Wahrheit klar: Sie bekam nicht zwei, sondern drei Stövchen geschenkt! Das Gelächter war groß, aber etwas peinlich war es jedem der einfallsreichen Schenker doch.

Mir war natürlich klar, dass meine Freundin keine drei Stövchen benötigte. So bot ich ihr sofort an, meines im Haushaltswarengeschäft umzutauschen. Sie müsse mir nur sagen, was sie sonst für ihren Haushalt benötigte. So wurden schließlich zwei der Stövchen, die alle original verpackt waren, gegen andere Haushaltsgegenstände eingetauscht. Aus meinem Stövchen wurde ein Salatbesteck.

Sie fragen sich, was die ganze Geschichte mit Sparen zu tun hat? Nun, leider verhalten sich keineswegs alle Leute so vernünftig wie meine allzu reich beschenkte Freundin und ihre drei Stövchen-Geber. Schließlich haben wir alle von Kindesbeinen an gelernt: »Einem geschenkten Gaul schaut man nicht ins Maul.« Mit anderen Worten: Es würde eigentlich in solchen Fällen dem Gebot der Höflichkeit entsprechen, ungetrübte Freude vorzuspielen, sich artig zu bedanken und die drei Stövchen brav in den ohnehin schon überfüllten Küchenschrank zu stellen, wo dann zwei von ihnen über Jahre mehr oder weniger zwecklos vor sich hin rosten.

In solchen Fällen bedeutet Sparen, sich bewusst zu entscheiden und den Gegenwert der zwei überzähligen Stövchen lieber in andere benötigte Produkte zu investieren.

Preiswert Schenken will gelernt sein

Franziska wollte dieses Jahr zu Weihnachten nicht schon wieder etwas Teures für ihre Schwiegereltern kaufen. So kam sie auf die Idee, einen Geschenkkorb zu gestalten und zu füllen. Und zwar mit Dingen, die sie und die Kinder selbst gemacht haben. Da kam einiges zusammen: Weihnachtsgebäck, Marmelade, Saft, selbst gemachte Kerzen, ein Familienfoto und ein selbst geschriebenes Gedicht.

Die Schwiegereltern hatten sich noch nie so sehr über ein Weihnachtsgeschenk gefreut wie über dieses. Noch Wochen danach konnten sie jeden Morgen die selbst gemachte Marmelade und die anderen Leckereien genießen.

Außerdem hat es sich Franziska mittlerweile zur Gewohnheit gemacht, ihre Geschenke über das ganze Jahr verteilt zu kaufen. Erstens kann sie so auf Wünsche, die von einem Familienangehörigen spontan geäußert werden, sofort reagieren, anstatt sich vor Weihnachten, wenn sie wieder alles vergessen hat, ergebnislos über passende Geschenke den Kopf zu zerbrechen. Zweitens kann sie, wenn sie mehr Zeit zur Verfügung hat, besser nach Sonderangeboten Ausschau halten. Und drittens kann sie gewisse Geschenke ganz oder auch teilweise selbst machen.

Glückwunschkarten bastelt und gestaltet sie mittlerweile mit Begeisterung an langen Winterabenden. Mit dem unbeabsichtigten Ergebnis, dass mittlerweile jeder auf einer solchen selbst gestalteten Glückwunschkarte besteht. Aber Lob tut ja jedem gut.

Obst selbst pflücken

Dieser Tipp stammt ursprünglich von Jan. Er lebt in der Pfalz und hat erfahren, dass viele Obstbäume nicht abgeerntet werden, da sich dies für die Bauern nicht mehr lohnt. Er selbst hat einen Blick dafür, welche Bäume nicht gepflegt und abgeerntet werden. Er erkundigt sich dann, wem diese Bäume gehören, und fragt bei der betreffenden Person nach, ob er sich die Früchte holen darf. Fast immer bekommt er die Antwort, er könne sich holen, was er möge. Seine Freundin verarbeitet das Obst später zu Marmelade und Obstkuchen, die unter anderem bei bestimmten Gelegenheiten sehr preiswerte Mitbringsel abgeben.

Hinzu kommt, dass es Jan und seinen Kindern regelrecht Spaß macht, statt eines langweiligen Spaziergangs mal auf Obst-Beutezug zu gehen.

Stehlen sollte man auf den Feldern und Obstwiesen auf keinen Fall, denn die Bauern haben in die Pflege ihrer Bäume meistens eine Menge Arbeit investiert. Aber gehen Sie mal mit offenen Augen spazieren. Es gibt viele wilde Bäume, vor allem auch an Bahngleisen. Fragen Sie einfach dort wohnende Nachbarn. Sie wissen meist genau, wem die Bäume gehören und ob sie nicht vom Besitzer abgeerntet werden.

Radtouren – der wahre Billigurlaub

Hugo, ein Freund von mir, unternahm einmal eine Radtour quer durch Deutschland. Er nahm sich dafür einen ganzen Monat Zeit. Sein Ziel war es, die Natur zu genießen und gleichzeitig äußerst sparsam zu leben. Er radelte allein von zu Hause los und hatte sein ganzes Gepäck bei sich. Dazu gehörten auch Zelt, Schlafsack, Isomatte und Kochgeschirr. Er campte immer wild, also nie auf Campingplätzen. Außerdem bereitete er seine Mahlzeiten stets selbst zu. Die notwendigen Einkäufe erledigte er sozusagen im Vorbeifahren auf dem Markt oder in kleineren Lebensmittelgeschäften. Einmal am Tag bereitete er sich eine warme Mahlzeit zu. Auch den Rückweg legte er mit dem Rad zurück, sodass keine weiteren Fahrtkosten anfielen.

Hugo benötigte für diesen Urlaub rund 300,– DM, umgerechnet also 10,– DM pro Tag.

Nun zu Maria und Carsten. Sie unternahmen zu zweit eine Radtour entlang der Donau und waren eine Woche unterwegs. Wie Hugo hatten sie ihr ganzes Gepäck dabei, so auch Zelt, Schlafsack und Isomatte. Nur das Kochgeschirr fehlte. Das war ihnen zu viel Gepäck. Sie übernachteten immer auf Campingplätzen und einmal in einer Pension. Im Laufe dieser einen Woche gingen sie vier Mal zum Essen in ein Restaurant. Ansonsten kauften sie ihre Lebensmittel und Getränke auf dem Markt und in Lebensmittelgeschäften unterwegs ein. Sie radelten zu Hause los und fuhren die Donau abwärts bis Passau. Zurück fuhren sie am Wochenende mit dem Wochenendticket für gemeinsam 35,– DM und je 6,– DM für den Fahrradtransport. Pro Person benötigten sie für die ganze Woche inklusive Zugfahrt 259,– DM. Das sind pro Tag und Person 37,– DM.

Leo unternahm mit vier Freunden eine Radtour in Norddeutschland. Sie waren ebenfalls eine Woche unterwegs und hatten ihr ganzes Gepäck bei sich. Sie schliefen ausschließlich in Pensionen, gingen täglich ein bis zwei Mal zum Essen und kehrten tagsüber auch mehrmals in Biergärten und Restaurants ein. Sie fuhren zu fünft mit dem Zug aus Süddeutschland nach Flensburg und wieder zurück. Leo benötigte für diese Woche 900,– DM. Also pro Tag 130,– DM.

Allen genannten Personen gefiel ihre Radtour im Nachhinein sehr gut und sie waren so begeistert, dass jeder von ihnen gern wieder einmal eine solche Fahrt unternehmen wollte. Alle Touren hatten für die jeweils Beteiligten also den gleichen Erlebnis- und Erholungswert. Nur bezüglich der finanziellen Mittel, die eingesetzt wurden, um dieses Ergebnis zu erreichen, unterscheiden sich die drei genannten Fälle gewaltig. Zwischen 10,– DM und 130,– DM täglich differieren die Kosten. (Nach oben hin ließen sie sich sicher noch beliebig steigern.) Leo hat also im Vergleich zu Hugo täglich 120,– DM mehr ausgegeben. Hätte auch Leo eine Tour von 30 Tagen unternommen, so würde dies einen Unterschied von insgesamt 3600,– DM ausmachen. Angenommen,

Hugo hätte dieses Geld gehabt, so steht es ihm nun nach Beendigung seiner Reise noch voll zur Verfügung; Leo muss es sich erst wieder verdienen.

Wenn wir den Urlaub von Maria und Carsten mit dem von Leo vergleichen, kommen wir immerhin noch auf 93,– DM, die Leo pro Tag mehr ausgab. Bei ihrem einwöchigen Ausflug macht das 651,– DM, die Maria und Carsten pro Person weniger ausgegeben haben.

Natürlich hängen diese Kostenunterschiede auch mit unterschiedlichen Bedürfnissen und Ansprüchen zusammen. Und wem ein Urlaub wie der von Hugo eindeutig zu spartanisch erscheint, der verbringt seine Ferien vielleicht sogar lieber in »Balkonien«, also zu Hause, wenn er sich einen teuren Urlaub nicht leisten kann oder will.

Sparen durch geschickte Organisation: Beispiel Motorbootführerschein

Der Motorbootführerschein kostet ca. 800,– DM für eine Woche. Im Preis inbegriffen sind Schulung und Prüfungsgebühren. Die Kosten für Anreise, Unterkunft und Verpflegung fallen zusätzlich an. Von vielen Veranstaltern werden deshalb mehrere Arrangements für Übernachtungen angeboten.

Walter nahm sich ein Einzelzimmer. Er bezahlte für Übernachtung mit Frühstück 90,– DM pro Tag. Das waren in der ganzen Woche 630,– DM. Außerdem benötigte er zum Essen und für Getränke zwischendurch 370,– DM. So kostete ihn diese Woche ohne Anfahrt 1800,– DM.

Maria ist eine sehr sparsame Frau. Trotzdem wollte sie diesen Führerschein unbedingt machen, nahm ihr Zelt mit und ging auf den nahe gelegenen Campingplatz. Sie musste für diese Woche 105,– DM Campingplatzgebühren bezahlen. Für ihre Verpflegung – sie ging auch einige Male zum Essen – brauchte sie 175,– DM. So kostete sie diese Woche ohne Anfahrt 1080,– DM.

Im Vergleich zu Walter gab Maria also 720,– DM weniger aus, obwohl sie das gleiche Ziel erreichte wie er, nämlich den Bootsführerschein. An den Gebühren für den Führerschein selbst konnte Maria nicht sparen. Also überlegte sie sich, wie sie am Drumherum einiges einsparen konnte. Der Führerschein blieb zwar nach wie vor ein teures Vergnügen, im Vergleich mit anderen Kursteilnehmern kam sie aber immer noch gut weg.

Skifahren ist teuer – geht es auch anders?

Wer Alpinski fährt, weiß, wie teuer dieses Hobby ist. Zum einen kostet die Skiausrüstung ein kleines Vermögen, die Liftgebühren schlagen erheblich zu Buche und hinzu kommen noch Unterkunft und Verpflegung. Maria, die sparsame Frau, die nicht auf ihre Hobbys verzichten möchte, hat für sich folgende Lösung gefunden.

Zum einen achtet sie darauf, dass sie ihre Skiausrüstung lange nutzt. Alle zwei Jahre neue Ski zu kaufen, hält sie für unnötig. Außerdem hat sie einen modisch eher neutralen Skianzug, mit dem sie sich auch nach zehn Jahren immer noch auf der Piste sehen lassen kann.

Maria liebt es, im Urlaub lange zu schlafen, und sie hat festgestellt, dass sie dadurch eine Menge Geld sparen kann. Sie frühstückt spät und sehr ausgiebig. Danach geht sie genau um die Uhrzeit zum Lift, ab der die Halbtageskarte verkauft wird – meistens um 12 Uhr (manche Skigebiete bieten sie auch schon um 11.30 Uhr an, andere erst um 12.30 Uhr). Dann fährt Maria den ganzen Nachmittag. Sie macht zwischendurch eine kleine Pause an einer Stelle mit schöner Aussicht, wo sie einen mitgebrachten Schokoladenriegel isst. Mit dem letzten Lift fährt sie noch einmal ganz hinauf und nutzt die lange Talabfahrt. So zahlt Maria weniger Skipassgebühren und fährt trotzdem mehr Ski als Leute, die schon morgens um neun Uhr am Lift stehen. Denn den ganzen Tag lang kann niemand Ski fahren, und die meisten Leute kehren ein- bis zweimal am Tag ein. Sie sitzen dann in überfüllten Hütten oder Bergrestaurants und geben viel Geld aus. Schließlich sind die

Früh-Skifahrer auch früh müde und hören meist nach 15 oder 16 Uhr schon auf. Dann kann Maria die eher leeren Pisten genießen.

Am liebsten geht Maria mit ihren Freunden auf eine Selbstversorgerhütte. Oft sind sie zu siebt, jeder kocht einmal in der Woche und darf sich an sechs Tagen an den gedeckten Tisch setzen. Das Geschirrspülen und Aufräumen macht in der Gruppe Spaß und geht schnell.

So braucht Maria für einen einwöchigen Skiurlaub mit allem Drum und Dran 700,– DM. Da sie ihre Ausrüstung fast zehn Jahre nutzt, verteilen sich die Anschaffungskosten von 1000,– DM auf zehn Jahre à 100,– DM.

Erholungsausflug – auch für das Portemonnaie

Roland machte am Sonntag mit seinen zwei Söhnen eine Radtour. Zum Mittagessen kehrten sie in ein Wirtshaus ein. Die Kosten hierfür betrugen 60,– DM. Am Nachmittag besuchten sie einen Biergarten und aßen zusätzlich zu ihrem Getränk Pommes frites. Hier musste der Vater 30,– DM bezahlen. Am Abend, gegen Ende der Radtour, gingen sie noch in eine Eisdiele. Hier betrug die Rechnung 20,– DM. Insgesamt gab Roland also an diesem Sonntag 110,– DM aus.

Axel packte für sich und seine zwei Kinder einen Picknickkorb mit Salat, kaltem Fleisch, das er am Vortag gebraten hatte, Brot und verschiedenen Früchten. Außerdem füllte jeder seine Fahrradflasche mit dem Getränk seiner Wahl auf, und ein Liter Flüssigkeit wurde noch extra in den Picknickkorb gepackt. Pause machten sie einmal an einem Fluss und einmal an einem Baggersee. Zwischendurch hielten sie an einer Eisdiele und kauften für jeden eine Eistüte. Die Eistüten kosteten 9,– DM, der Inhalt des selbst hergerichteten Picknickkorbes kam auf etwa 20,– DM. Somit gab Axel insgesamt 29,– DM für die Radtour aus.

Roland gab, damit verglichen, nicht nur 81,– DM mehr aus, er ernährte seine Kinder auch ungesünder (über den Nährwert von Pommes frites braucht man kaum ein Wort verlieren).

Ein Wochenendurlaub mit der Familie

Noch einmal möchte ich von zwei verschiedenen Familien berichten, die auf unterschiedliche Weise mit dem Thema Finanzierung umgehen.

Betrachten wir zunächst einmal Frank: Er ist geschieden, hat zwei Kinder im Alter von fünf und neun Jahren – und eine Freundin.

Zu viert fuhren sie mit dem Auto von einem Ort in Süddeutschland an die Ardèche in Südfrankreich. Auf dem Weg dorthin übernachteten sie in einem Hotel und kehrten auf der Fahrt mehrmals ein.

Im Ardèchetal mieteten sie sich ein Kanu und paddelten auf dem Fluss. Am nächsten Tag fuhren sie die 1000-km-Strecke wieder mit dem Auto zurück. Insgesamt sind sie an diesem verlängerten Wochenende 2000 km mit ihrem noblen Auto gefahren und haben insgesamt rund 1000,– DM ausgegeben.

Nun zu Axel. Auch er ist geschieden und hat einen Sohn, seine Freundin ist ebenfalls geschieden und hat zwei Söhne. Zu fünft fuhren sie in Axels Wohnmobil an einen ca. 200 km entfernt gelegenen Fluss. Auch sie fuhren mit dem Kanu. Sie übernachteten aber auf Campingplätzen und versorgten sich selbst. Axels Reise hat für das verlängerte Wochenende (vier Tage) insgesamt 250,– DM gekostet.

Beide verfügen über ein Auto, dessen Anschaffungskosten bei Neuwert ziemlich hoch sind. Auch bezüglich der Unterhaltskosten sind ein teurer Pkw und ein Wohnmobil durchaus vergleichbar. Trotzdem hat die erste der genannten Familien das Vierfache an Geld ausgegeben. Den Kindern hatten beide Ausflüge sehr gut gefallen, und so ging es auch den Müttern und Vätern.

Sparen beim Autokauf

Maria hatte sich einen Renault Rapid gekauft. Nun fuhr sie ihn seit fünf Jahren. Da sie von Autoreparaturen nichts versteht und dringend einen zuverlässigen Wagen benötigte, entschloss sie sich, einen neuen zu kaufen. Sie entschied sich für einen Suzuki Samurai.

Da Maria eine sparsame Frau ist und stets die Preise vergleicht, ging sie in vier verschiedene Autohäuser und fragte nach Rabatt. Der Nachlass, den die verschiedenen Autohändler gewährten, war in allen Fällen ungefähr gleich. Jeder gab ihr ca. 5 %. Laut Listenpreis kostete das Auto damals 20 000,– DM. Also gab es einen Rabatt von 1000,– DM.

Da somit die Entscheidung immer noch schwer fiel, fragte sie auch nach, ob die betreffenden Händler ihr altes Auto in Zahlung nehmen könnten. Einer der Autoverkäufer war dazu bereit, dann aber hätte sie keinen Nachlass auf das neue Auto bekommen. Nun erkundigte sie sich, was der Händler ihr für ihr altes Auto geben würde. Er schaute in der so genannten »Schwacke-Liste« nach, in der der ungefähre Wert für alle gängigen Gebrauchtfahrzeuge angegeben ist – abhängig vom Alter und von den gefahrenen Kilometern. Alle Autohändler verfügen über diese Liste. Für Marias Wagen ergab sich aus dieser Liste aufgrund des Baujahrs ein Restwert von 6500,– DM. Durch den hohen Kilometerstand, der immerhin 100 000 betrug, reduzierte sich der Wert des Autos noch einmal. Der Händler sagte ihr am Schluss, er würde 5500,– DM für das alte Auto geben.

Maria rechnete: Von den 20 000,– DM, die das neue Auto in diesem Fall ohne Rabatt kosten würde, mussten 5500,– aus dem Verkauf des alten Wagens abgezogen werden. Das ergab dann 14 500,– DM. Wenn sie ihr Auto selbst verkaufen würde, bekäme sie für den Neuwagen von vornherein einen Rabatt von 1000,– DM. Sie müsste dann also nur 4500,– DM dafür erzielen, um unter dem Strich auf dieselbe Summe zu kommen. Jede Mark mehr, die sie für ihr altes Auto im privaten Verkauf bekommen würde, könnte sie dann als Gewinn verbuchen.

Dementsprechend handelte sie auch: Sie inserierte im »Sperrmüll« und im »Flohmarkt«, zwei Zeitschriften, in denen man umsonst Kleinanzeigen veröffentlichen kann und die im Zeitungshandel käuflich sind. Sie gab als Verhandlungsbasis 7900,– DM an. Dieser Preis erschien ihr zwar selbst recht hoch, aber da es Usus ist, herunter zu handeln, gab sie lieber zunächst einen höheren Preis an, um hinterher eventuell einen Nachlass zu gewähren und trotzdem noch auf ihre Kosten zu kommen.

Der Erste, der daraufhin anrief, fand diesen Preis absolut zu hoch. Maria gab aber nicht auf und inserierte noch weitere zwei Wochen. Daraufhin meldete sich ein Ehepaar, das genau dieses Auto suchte und zurzeit bei keinem Händler einen gebrauchten Renault Rapid finden konnte. Sie machten eine Probefahrt, und tatsächlich kaufte dieses Ehepaar das Auto für sage und schreibe 7450,– DM.

Auf diese Weise zahlte sie dem Händler 19 000,– DM für das neue Auto und bekam für ihr altes 7450,– DM. Alles in allem zahlte sie also 11 550,– DM für einen Neuwagen.

Nur dadurch, dass Maria sich entschloss, ihr Auto in eigener Regie zu verkaufen, machte sie einen Gewinn von fast 3000,– DM. Ihr Zeitaufwand hierfür betrug ca. 15 Stunden. Das Risiko war dabei ziemlich gering. Zwar hatte sie mit dem Verkauf an jenes Ehepaar großes Glück gehabt, doch den Preis, den ihr der Händler ursprünglich geboten hatte, hätte sie allemal für ihren Wagen erzielen können. Für die 3000,– DM, die Maria somit gespart hatte, hätte sie sehr lange arbeiten müssen.

Wie verhindere ich eine Mieterhöhung?

Elena wohnt mit ihrem Mann und ihrer Tochter in einer 3-Zimmer-Neubauwohnung und zahlt für die 80 Quadratmeter 1040,– DM Kaltmiete. Das sind pro Quadratmeter 13,– DM. Die Familie ist vor drei Jahren eingezogen, als die Mieten noch recht hoch waren. Nun, nach genau drei Jahren, wollte die Vermieterin die Miete um 10% erhöhen – was gesetzlich zulässig ist.

Elena aber war die Miete ohnehin schon zu hoch, und sie überlegte sich, was sie unternehmen könnte. Vor Gericht zu gehen hätte keinen Sinn, und herumstreiten wollte sie sich auch nicht. Eine neuerliche Wohnungssuche und ein Umzug wären aber zu zeitaufwendig und zu teuer, außerdem fühlt sich die Familie in dieser Wohnung sehr wohl. So kam sie auf die Idee, der Vermieterin einfach einen netten Brief zu schreiben mit folgendem Inhalt:

»Liebe Frau X,

Ihren Brief mit der angekündigten Mieterhöhung habe ich erhalten.

Wie Sie wissen, ist der Mietspiegel seit letztem Jahr gesunken, sodass wir mit der jetzigen Miete schon relativ viel bezahlen. Außerdem ist auch Ihnen sicherlich bekannt, dass in unserer neuen Wohnanlage einige Wohnungen leer stehen, da die Vermieter zu dem von ihnen gewünschten Mietzins vermutlich keine Mieter finden.

Zudem versprachen Sie mir vor zwei Jahren, auf der Terrasse einige Büsche als Sichtschutz zu pflanzen, was bisher jedoch nicht erfolgt ist.

Wir möchten gern weiterhin zu unserem bisherigen Mietzins hier wohnen. Bei einer höheren Miete sehen wir uns leider gezwungen, eine andere Wohnung zu suchen.

Mit freundlichen Grüßen
E.F.«

Eine Woche, nachdem Elena den Brief an ihre Vermieterin geschickt hatte, stand diese plötzlich vor ihrer Tür.

»Vergessen Sie den Brief und die Mieterhöhung und sagen Sie mir bitte, welche Art und Größe von Büschen Sie wünschen, damit ich den Gärtner beauftragen kann.«

Zwei Wochen später waren die Büsche gepflanzt, und das Verhältnis zur Vermieterin hat sich durch diesen Brief nicht verschlechtert.

Es ist gut zu wissen, dass man sein Ziel oft auch erreichen kann, indem man sein Anliegen höflich und freundlich vertritt.

Finanzierungsfalle Hauskauf

Hermann und Dorothea lebten in einer 4-Zimmer-Wohnung mit Ostbalkon in einer Kleinstadt. Ihnen gefiel die Wohnung sehr gut, bis ihre kleine Tochter geboren wurde. Plötzlich wurde es für Dorothea immer wichtiger, einen Garten zu haben, in dem ihr Kind ungestört spielen und aufwachsen konnte. Hermann hatte sich zuerst sehr dagegen gesträubt, da er selbst noch nie einen Garten gehabt hatte und schon der Gedanke an Gartenarbeit in ihm Erschöpfungszustände auslöste. Er informierte sich aber immerhin bei Bekannten, und alle schwärmten ihm vor, wie viel schöner ein Leben mit Garten sei und wie wenig Arbeit er machte, wenn man ihn nur entsprechend geschickt anlegte.

Am Ende ließ sich Hermann überzeugen und kaufte ein Reihenhaus, Baujahr 1968. Dies war eine Lösung, mit der beide Ehepartner leben konnten. Hermann konnte sich mit den neuen Gegebenheiten arrangieren, obwohl ihm Gartenarbeit nach wie vor nicht besonders liegt. Für den Verkauf ihrer 4-Zimmer-Wohnung erzielten Hermann und Dorothea 185 000,– DM, das Reihenhaus kostete sie 340 000,– DM. Es fielen also zusätzliche Kosten von 155 000,– DM an.

Hans und Johanna zogen zusammen, als ihr Nachwuchs unterwegs war. Hans wollte sich schon länger ein Eigenheim zulegen, er wusste aber nie so recht, ob er sich für eine Eigentumswohnung oder ein Haus entscheiden sollte. Als Johanna schwanger wurde, fiel die Entscheidung klar zugunsten eines Hauses aus. Das Paar besichtigte mehrere Häuser, und mit jedem Mal schienen ihre Ansprüche zu steigen. Letztendlich entschieden sie sich nicht, wie ursprünglich geplant, für ein Objekt zwischen 300 000,– und 350 000,– DM, sondern für ein frei stehendes Haus, Baujahr 1989, für 470 000,– DM.

Auch Hans ist Diplomingenieur, er verdient ungefähr das Gleiche wie Hermann. Da sich Hans und Johanna einen höheren Lebensstandard leisten als Hermann und Dorothea, zerrinnt ihnen das Geld geradezu zwischen den Fingern. Dem genügsamen Hermann bleibt dagegen einiges übrig.

Beide Paare sind mit ihrer persönlichen Situation zufrieden. Alle beteiligten Personen haben sich sehr genau überlegt, was ihnen wichtig ist. Sie haben sich für ihre Entscheidung auch genügend Zeit gelassen und nicht überstürzt gehandelt. Beide Lebenskonzepte haben letztendlich ihre Berechtigung, und so gibt es mit Sicherheit noch unzählige andere Varianten, die für das jeweilige Paar die individuell ideale Lösung darstellen.

Jeder sollte seine Wünsche so weit mit der Realität in Übereinstimmung bringen, dass er mit der gefundenen Lösung gut und zufrieden leben kann. Individuelle Wertvorstellungen sollten dabei ebenso in die Planung einbezogen werden wie rein finanzielle Aspekte. Wer allerdings, wie Hermann und Dorothea, dasselbe Niveau an Zufriedenheit mit weniger finanziellem Einsatz erreichen kann, lebt mit Sicherheit ein Stück gelassener.

Gebraucht kaufen und sparen

Franziskas Kinder wünschten sich eine Tischtennisplatte. Franziska hat die Gewohnheit, alles neu zu kaufen, ohne Preisvergleiche anzustellen. So ging sie in den nächsten Laden und kaufte eine Tischtennisplatte zum Zusammenklappen für 600,– DM.

Günters Sohn wollte ebenfalls eine Tischtennisplatte. Da Günter jedoch der Meinung war, dass hierfür kein nagelneues Gerät notwendig sei, kaufte er sich die Zeitschriften »Sperrmüll« und »Flohmarkt«, in denen alle Privatanbieter umsonst inserieren können. Dadurch ist das Angebot der zum Verkauf stehenden Gegenstände sehr reichhaltig und vielseitig. Über eine dieser Zeitschriften kaufte er dann eine gebrauchte Tischtennisplatte von einer Familie, deren Kinder mittlerweile aus dem Haus waren. Das Sportgerät stand bei ihnen nur noch ungenutzt herum. Günter bezahlte für die noch recht gut erhaltene, zusammenklappbare Platte 80,– DM.

Der Nutzwert war in beiden Fällen der gleiche, allerdings gab die erste der erwähnten Familien stolze 520,– DM mehr dafür aus.

Beispiele dieser Art ließen sich zu Dutzenden erzählen. Natürlich weiß jeder, dass es einen Gebrauchtmarkt gibt; nicht allen Menschen ist aber bewusst, wie groß die Preisunterschiede zwischen Gebrauchtkauf im Vergleich zum Neukauf sind und welch hohe Zeche sie oftmals für ihre ganz unüberlegt und selbstverständlich getroffene Entscheidung bezahlen müssen, eine Ware fabrikneu zu erwerben. Überlegen Sie vor jedem Kauf, ob Sie die kleinen Macken einer Secondhand-Ware in diesem speziellen Fall wirklich so sehr stören würden, dass Sie für Ihre Ansprüche bereit wären, den – sagen wir – sechsfachen Preis hinzulegen. In manchen Fällen, etwa wenn der gesuchte Gegenstand abgewetzt, schmuddelig oder gar abscheuerregend aussieht, mag ja die Entscheidung für ein neues Produkt verständlich sein. Auch sollten Sie nicht für einen Gewinn von 10,– DM eine halbe Tagesreise investieren. Auch die Gefahr, durch einen geschickten »Marktschreier« zum Kauf eines wertlosen oder defekten Objekts überredet zu werden, ist sicher nicht ganz zu leugnen. In sehr vielen Fällen wird aber eine Menge Geld ohne wirklichen Gegenwert zum Fenster herausgeworfen – einfach dadurch, dass man die Alternative »Gebrauchtwarenmarkt« gar nicht zur Kenntnis nimmt.

Legen Sie Ihren Speiseplan für die Woche fest

Franziska war es von zu Hause gewohnt, einkaufen zu gehen ohne auf den Preis zu achten. Ihre Eltern hatten sich mit einem Einzelhandelsgeschäft selbständig gemacht. So hatte ihre Mutter selbst wenig Zeit zum Einkaufen und deckte sich in den umliegenden Lebensmittelläden immer kurz vor Ladenschluss auf die Schnelle ein. Es wurde immer das gekocht, worauf man gerade Lust hatte. Einen Speiseplan gab es nie.

Diese Art des Einkaufens übernahm Franziska gedankenlos – bis zu dem Zeitpunkt, als sie sich von ihrem Mann trennte und auf das Geld Acht geben musste. Heute, angeregt durch ihren jetzigen Freund, nimmt sie sich die wöchentlich in vielen Supermärkten ausliegenden Angebotsprospekte zur Hand. Sie liest alle Angebote der verschiedenen Läden in ihrer Umgebung durch und streicht das für sie Interessante an. Dann nimmt sie zwei leere Blätter zur Hand. Auf dem einen Blatt entwirft sie den

Speiseplan für die Woche, auf dem anderen stellt sie ihren Einkaufszettel zusammen.

So entsteht ein abwechslungsreicher, ausgewogener Speiseplan für die ganze Woche. Sie muss in der Woche nur zweimal einkaufen gehen, sodass sie Zeit spart. Außerdem richtet sie sich bei ihren Einkäufen immer nach der Jahreszeit. Denn Gemüse und Obst sind während der Saison besser und billiger.

Insgesamt betrachtet hat sich ihr Speiseplan nicht allzu sehr verändert, nur dass sie gewisse Gerichte mit Vorzug dann kocht, wenn die Zutaten im Angebot sind.

Seit Franziska diese Art des Einkaufens praktiziert, spart sie in ihrem Drei-Personen-Haushalt im Monat allein für Lebensmittel 300,– DM. Dabei muss keines der Familienmitglieder auf seine Lieblingsspeisen verzichten.

Leben mit Kleinkindern

Dorotheas und Hermanns Tochter ist anderthalb Jahre alt. Sie haben sich von Bekannten und Freunden, die schon etwas ältere Kinder haben, Kinderkleidung und Spielsachen ausgeliehen. Selber haben sie nur wenig gekauft. Dorotheas Hobby ist das Nähen. Sie näht fast alle Kleidungsstücke selbst. Früher, als sie noch nicht Mutter war, kam sie öfter zum Nähen. Aber selbst heute, wo sie als Mutter viel weniger Zeit hat, näht sie noch verhältnismäßig viel.

Ganz anders Elena und Stefano. Sie kaufen ausschließlich neue Sachen für ihre Tochter, die ungefähr so alt ist wie Dorotheas Kind. Stefano stammt aus Italien und hat, so wie viele seiner Landsleute, eine negative Haltung zu gebrauchten Sachen. Hinzu kommt, dass Kinder in Italien ganz oben auf der Liste der Prioritäten stehen. Deshalb möchte man natürlich nur das Beste für sie – und das Beste muss das Neueste sein.

Wenn man weiß, was Kinderkleidung kostet, kann man sich vorstellen, wie schnell man da ein paar Hunderter los ist. Kinderkleidung ist kaum billiger als Kleidung für Erwachsene. Man benötigt zur Herstellung zwar weniger Material, aber der Zeitaufwand ist der gleiche.

Hinzu kommt, dass Kinder sehr schnell aus ihrer Kleidung herauswachsen. Manche Kleidungsstücke werden nur dreimal getragen, und schon passen sie nicht mehr. Dies geschieht am häufigsten bei Kleidungsstücken, die man geschenkt bekommt. Denn derjenige, der schenkt, weiß ja oft nicht so genau, wie groß das Kind nun wirklich ist. Manchmal paßt die Kleidung auch erst ein halbes Jahr später, nur ist dann gerade die falsche Jahreszeit, und wenn diese vorbei ist, ist das gute Stück schon wieder zu klein geworden.

Es ist deshalb ratsam, gezielt nur solche Kleidung für Kinder zu kaufen, die im Augenblick benötigt wird und die sofort getragen werden kann. Die Kinder wachsen aus ihren Sachen meist innerhalb eines Jahres heraus, sodass sie in der nächsten Saison nicht mehr passen.

Sollte man ein Kleidungsstück geschenkt bekommen, das nicht passt, dann gibt man das am besten ehrlich zu. Man kann dem Schenker gegenüber ruhig das geschmackvolle Design loben, dann aber höflich fragen, ob es erlaubt ist, das Stück in dem betreffenden Laden umzutauschen. Es ist ja keine Schande, bezüglich der Größe bei Kindern ein bisschen danebenzuliegen. Es gibt wohl kaum ein Elternteil, das sich nicht irgendwann einmal mit diesem Problem der gut gemeinten, aber unpassenden Geschenke herumschlagen muss. Man sollte deshalb hier, wie in vielen anderen Fällen, den Mut zur Ehrlichkeit haben. Die fürsorgliche Oma oder Tante wird für ihre kleine Enttäuschung schließlich damit belohnt, dass sie bei dem eingetauschten Ersatzstück sicher sein kann, dass es dem Kind wirklich nützt.

Gerade für Kinder gibt es eine Menge Secondhand-Läden, kommerzielle wie auch karitative. Besonders empfehlenswert sind spezielle Kinderflohmärkte, die im Frühling und Herbst in Kindergärten, Gemeindehallen, Stadthallen und kirchlichen Einrichtungen abgehalten werden. Man kann dort sowohl kaufen als auch verkaufen. Auch gibt es nicht nur Kinderkleidung, sondern auch Kinderwägen, Spielsachen und viele andere nützliche Dinge.

Telefonieren

Über die Telekom

»Es kommt nur drauf an, was Sie draus machen!« – so lautete der Werbeslogan der Telekom zu ihren neuen Zeitzonen. Inzwischen hat der Konkurrenzkampf der Telefongesellschaften dazu geführt, dass die Telekom seit 1. Januar 1999 ihre Tarife gesenkt hat. Trotzdem lohnt es sich noch, längere Telefongespräche auf günstige Tageszeiten zu verlegen, besonders, wenn Ihnen der Tarifdschungel der verschiedenen Anbieter undurchschaubar ist und Sie der Einfachheit halber der Telekom die Treue halten möchten.

(Die folgenden Angaben beziehen sich auf analoge Telefonanschlüsse; bei ISDN-Anschlüssen gibt es leichte Abweichungen. Stand: Januar 1999.)

Lange private Dauergespräche an Werktagen sollten Sie nach 21 Uhr führen, sofern es sich um den Nahbereich (»City«) handelt. Denn ab dieser Uhrzeit kann man im Citybereich für das gleiche Geld fast 3-mal länger telefonieren als tagsüber. Als Beispiel: Wenn man eine Stunde plaudert, kostet dies tagsüber (9 bis 18 Uhr) 4,80 DM, nach 18 Uhr 2,88 DM und nach 21 Uhr 1,80 DM.

Im Fernbereich gilt seit 1. 1. 99 der günstige Tarif schon ab 18 Uhr. Ein einstündiges Ferngespräch (»Tarif Deutschland«) kostet tagsüber 19,80 DM, während das gleiche Gespräch nach 18 Uhr 6,60 DM kostet.

Sie sehen, dass Sie zu günstigeren Tarifzeiten viel Geld sparen können, ohne auf die lange Gesprächsdauer verzichten zu müssen. Soziale Kontakte und gute Gespräche mit Freunden sind schließlich sehr wichtig.

Am Wochenende ist es nur im Citybereich nach 21 Uhr noch etwas günstiger (1,80 DM für 60 Minuten statt 2,88 DM tagsüber); im Fernbereich kostet ein einstündiges Gespräch dann rund um die Uhr 6,60 DM.

Der Nachttarif von 2 bis 5 Uhr an Werktagen für Ferngespräche bietet eine weitere Ersparnis für Nachtaktive: 3,30 DM für 60 Minuten Plaudern.

Vorsicht beim Anrufen von Handys!

Handynummern erkennen Sie immer an der Vorwahl. Sie beginnen mit 016 oder 017. Vermeiden Sie es nach Möglichkeit, dort anzurufen. Wenn es sich nicht ändern lässt, fassen Sie sich kurz. Verbindungen in die Mobilfunknetze sind nämlich deutlich teurer als Verbindungen ins Festnetz: Montag bis Freitag tagsüber kostet ein zehnminütiges Gespräch 9,60 DM; nach 18 Uhr sowie am Wochenende 4,80 DM. Diese Tarife gelten jedoch nur für einen Teil der Mobilfunknetze (T-D1, T-C-Tel, D2, Interkom); E-Plus z. B. ist noch mal deutlich teurer.

Meiden Sie übrigens auch Nummern, die mit 0190 beginnen, denn sie kosten in der Minute meist 1,20 DM.

Telefonieren mit anderen Telefongesellschaften

Der Preiskampf zwischen den verschiedenen Anbietern hat zu einer so häufigen Änderung der Tarife geführt, dass es keinen Sinn hat, an dieser Stelle die günstigsten Tarife aufzuführen. Es ist aber für Sie als sparwilligen Menschen auf jeden Fall lohnend, sich hier auf dem Laufenden zu halten. Informieren Sie sich über die Tagespresse, über Zeitschriften oder über das Internet über den aktuellen Stand der Tarife.

Es folgt eine Auswahl von Adressen, unter denen Sie sich online die aktuellen Tarife anschauen können:
http://www.teltarif.de
http://www.billiger-telefonieren.de
http://www.heise.de/ct/ttarif
http://www.clever-telefonieren.de

Es ist ganz einfach, über andere Telefongesellschaften zu telefonieren: Sie wählen die Vorwahl der Gesellschaft vor der Rufnummer, z. B. für Viatel die 01079, und dann die übliche Nummer.

Die Gebühren werden bei einigen Telefongesellschaften über die Telekom abgerechnet. Dies ist z. B. bei Viatel und Talkline der Fall. Bei **Tele 2** müssen Sie sich gesondert anmelden. Das können Sie tun, indem Sie nur die Vorwahl 01013 wählen. Die Freischaltung dauert allerdings ein paar Wochen, aber das Warten lohnt sich.

Von dieser Telefongesellschaft bekommen Sie extra eine Rechnung, zusätzlich zur üblichen Telekom-Rechnung. Sie müssen bei Tele 2 keine weitere Grundgebühr bezahlen. Sie zahlen nur die tatsächlichen Gespräche.

Aber stürzen Sie sich nicht in blinder Euphorie auf die neuen Telefongesellschaften. Bei Ortsgesprächen ist noch immer die **Telekom** am günstigsten. Bedenken Sie aber, dass hier in Schritten à 12 Pfennigen abgerechnet wird. Der Takt ist je nach Zeitzone unterschiedlich (siehe obiges Kapitel über die Telekom).

TelDaFax dagegen rechnet sekundengenau ab, **Viatel** im 30-Sekunden-Takt. **RSLCom** rechnet minutengenau ab.

Diese unterschiedlichen Abrechnungsarten sollten Sie beim Vergleich der Anbieter stets mit berücksichtigen. Aber Vorsicht: Sie ändern sich fast ebenso schnell wie die Tarife!

Wenn Sie ein bisschen Erfahrung haben, werden sich für Sie gewisse Grundregeln herauskristallisieren, die es Ihnen ersparen, jedes Mal von neuem die günstigsten Tarife zu recherchieren.

So realisieren Sie Ihr Vorhaben

Selbstkontrolle

Wer die ernsthafte Absicht hat, seine Ausgaben in den Griff zu bekommen, sollte sich bei seinen Einkäufen immer wieder folgende Fragen stellen:

1. Kaufe ich planmäßig ein?
2. Weiß ich schon vor dem Kauf, was ich will?
3. Lasse ich mich beim Einkauf leicht von meinen ursprünglichen Plänen abbringen?
4. Lasse ich mir zusätzliche Waren, die ich eigentlich gar nicht kaufen wollte, aufschwatzen?
5. Werden die Einkäufe in aller Ruhe oder hastig und übereilt getätigt?
6. Zähle ich das Wechselgeld in Geschäften oder Gaststätten nach?
7. Überprüfe ich Kassenzettel und Rechnungen?
8. Suche ich mit Vorliebe Geschäfte auf, die ich bequem erreichen kann?
9. Vergleiche ich die Preise mit denen der Konkurrenz?
10. Studiere ich vor größeren Anschaffungen die Angebote, Prospekte und Kataloge verschiedener Firmen?
11. Lasse ich mir von einer bestimmten Ware verschiedene Qualitäten und Ausführungen zeigen?

(Die oben stehenden Fragen sind sinngemäß aus dem Buch »Mensch und Geld« von James Walker übernommen.)

Die guten Vorsätze

Vorsätze – so gut sie auch gemeint sein mögen, meistens sind sie schon nach ein paar Wochen vergessen. Wer kennt dieses Problem nicht? Man nimmt sich irgendetwas vor oder hat einen guten Einfall, an dem man sich in Zukunft orientieren möchte, aber schon nach kurzer Zeit lebt man wieder im alten Trott weiter.

Welche Möglichkeiten gibt es nun, sich und seinen ursprünglichen Ideen wirklich treu zu bleiben? Die einzige Lösung liegt wahrscheinlich im Prinzip der Wiederholung. Die Veränderung von Verhalten vollzieht sich in etwa nach den gleichen Regeln wie der Lernprozess (etwa in der Schule oder beim Üben eines Instruments). Nur durch regelmäßige und ständige Wiederholungen prägt sich ein Lernstoff bekanntlich unserem Gehirn ein. Ist die betreffende Information erst einmal gespeichert, können wir im Bedarfsfall jederzeit wieder darauf zurückgreifen. Dasselbe Prinzip sollten wir auch anwenden, wenn wir uns und gewisse störende Gewohnheiten verändern wollen, wenn wir all unsere guten Vorsätze und Ideen tatsächlich in die Tat umsetzen möchten.

Hierzu eignen sich regelmäßige Treffen mit Gleichgesinnten sehr gut, denn auch in der Schule oder Fahrschule lernen wir ja nicht als Einzelkämpfer, sondern in der Gruppe. Leider sind hierbei auch manche Probleme zu überwinden: Kennen wir in unserem Fall Gleichgesinnte? Wohnen sie in unserer Nähe? Kann man sich auf einen gemeinsamen Termin einigen? Sind wir dann nicht schon wieder viel zu sehr von anderen und deren persönlicher Motivation abhängig?

Sicher ist es in den meisten Fällen besser, sich einer Methode zu bedienen, die man notfalls auch allein durchführen kann. Wenn andere sich dann beteiligen wollen: umso besser!

Auf den folgenden Seiten finden Sie eine Liste mit den kurz zusammengefassten wichtigsten Spartipps aus diesem Buch. Kreuzen Sie diejenigen Tipps an, die Sie vielleicht oder ganz sicher umsetzen wollen. Schreiben Sie auf dasselbe Blatt weitere Vorsätze und gute Ideen, denen Sie in Zukunft folgen wollen. Sie können dann einmal pro Woche, immer an einem bestimmten Tag zu einer bestimmten Zeit, diese Tipps durchlesen. So prägen sich Ihre Vorsätze durch regelmäßige Wiederholung Ihrem Gedächtnis ein. Nach einigen Wochen werden Sie Ihre wichtigsten Richtlinien nicht nur abrufbar parat haben, Sie werden sie auch verinnerlicht haben, sodass sie Ihnen im Idealfall immer dann in den Sinn kommen, wenn eine entsprechende Entscheidung ansteht.

Natürlich genügt es nicht, sich die Spartipps lediglich einmal pro Woche durchzulesen; Sie müssen sich schon auch daran halten, sonst war alle Mühe für die Katz.

Wenn Sie sich außerdem noch angewöhnt haben, ein Haushaltsbuch zu führen (siehe Seite 31ff.), so sind Sie auf dem Weg zu einer kostenbewussten Lebensweise schon ein sehr großes Stück vorangekommen.

Spar-Checkliste

Nehmen Sie sich am besten gleich einen Stift zur Hand und markieren Sie die einzelnen Spartipps mit verschiedenen Symbolen, je nachdem, was Sie sich persönlich von ihnen erwarten. Natürlich können Sie statt der vorgeschlagenen Symbole auch beliebige andere wählen.

✓ = mache ich schon
/ = kommt für mich nicht in Frage
? = ich weiß nicht so recht
☺ = muss ich mir unbedingt vornehmen

	Telefonieren: lange Ferngespräche nur nach 18 Uhr Handynummern nur im Notfall anrufen und Gespräch kurz halten
	Tarife der verschiedenen Anbieter vergleichen und immer den jeweils günstigsten wählen
	Unnötige Stromkosten vermeiden • Alle Stand-by-Geräte im unbenötigten Zustand ganz ausschalten • Lampen, die öfters benötigt werden, mit Energiesparbirnen ausstatten • Nachtstrom nutzen
	Unnötigen Wasserverbrauch vermeiden • Stopp-Taste bei der Toilettenspülung nutzen (dadurch kann eine Person im Jahr ca. 85,– DM Wasserkosten einsparen; ein Vier-Personen-Haushalt also ca. 340,– DM)
	Raumtemperatur verringern, vor allem in der Zeit, in der die Räume nicht benutzt werden
	Günstige Hobbys und Freizeitaktivitäten wählen: • Wandern, Radfahren, Baden/Grillen am See • Mit Freunden privat treffen; Spieletreff • Eventuell neuen Freundeskreis mit gemeinsamen Interessen aufbauen
	Ausgabenheft führen und mit anderen vergleichen

	Kinderkleidung und -spielsachen von Bekannten ausleihen
	In Second-Hand-Shops kaufen und verkaufen
	Auf dem Flohmarkt kaufen und verkaufen
	Bücher und Zeitschriften in der Bücherei ausleihen
	Tageszeitung mit Nachbarn oder Kollegen teilen
	Einfache Instandsetzungsarbeiten selbst erledigen, z. B. Tapezieren
	Fabrikverkäufe beachten
	Zwischenhändler nach Möglichkeit ausschalten: • Immobilie von Privat bevorzugen • Privater Autoverkauf • Direktes Anmieten von Ferienwohnungen
	Sommer- und Winterschlussverkauf bevorzugen
	Angebote beachten: • Mit offenen Augen durch das Leben gehen! • Sonderangebote nutzen • Genau wissen, was Sie wirklich brauchen • Keine Anhäufung von im Grunde überflüssigen Produkten • Auf Haltbarkeit achten
	Versteigerungen besuchen
	Bei Wohnungsauflösungen kaufen
	Fehlkäufe vermeiden
	Erst sparen, dann kaufen: Kredite vermeiden!
	Speiseplan der Woche nach Angeboten richten
	Lebensmittel der Saison einkaufen
	Obst selbst pflücken, Erdbeerplantagen, etc.
	Günstige Geschenke selber machen • z. B. eigene Marmelade, schön verpackt • Blumenstrauß aus Garten oder Wiese • Geschenkkorb
	Geschenkgutscheine, auf individuelle Bedürfnisse des Beschenkten abgestimmt: • Gutschein für eine Reparatur an Auto oder Waschmaschine, Renovierungsarbeiten in der Wohnung, Hilfe beim Einkaufen, Unkraut jäten, Rasen mähen, selbstgekochtes Essen, Babysitting, Altenbetreuung, ...

	Geschenke nicht im letzten Moment kaufen, sondern schon lange zuvor in Ruhe auswählen, Angebote beachten, auf persönliche Bemerkungen und Wünsche achten
	Eintrittsgelder: Oft sind Zehnerkarten weitaus preiswerter; günstigere Zeiten/Plätze wählen
	Veranstaltungen zum Schluss oder nach der Halbzeit besuchen
	Kneipenbesuch: ein Getränk weniger
	Restaurantbesuch: auf Vor- oder Nachspeise verzichten (ist auch gesünder)
	Gebührenpflichtige Parkplätze meiden
	Urlaub kostengünstig wählen; sorgfältig planen, Preise vergleichen
	Geldanlage sorgfältig planen: Wo gibt es die besten Zinsen?
	Versicherungsschutz durchforsten: Welche Versicherungen brauchen Sie wirklich? Preis-Leistungs-Verhältnis überprüfen, evtl. zu günstigeren Gesellschaften wechseln

Der arme Fischer

In einer Kurzgeschichte von Heinrich Böll fotografiert ein reicher Tourist einen in der Sonne liegenden Fischer und verwickelt ihn gegen dessen Widerstand in ein Gespräch, in dem der Tourist in begeisterten Worten dem armen Mann klarzumachen versucht, was er alles erreichen könnte, wenn er nicht faul in der Sonne liegen, sondern noch einmal hinausfahren würde, um noch mehr Fische zu fangen, die einen besseren Verkaufserlös gewährleisten würden. Er könnte sich dann bald ein besseres Boot kaufen, vielleicht sogar zwei Boote, sich eine kleine Fischfabrik erbauen …

»Und wozu das alles?« fragte der arme Fischer.

»Dann könnten Sie andere anstellen, für sich arbeiten lassen – und brauchten eines Tages gar nichts mehr tun, sondern könnten in der Sonne liegen …!«

Darauf der Fischer lakonisch: »Aber genau das tue ich doch jetzt schon.«

Dank an meinen Freundeskreis

Hiermit möchte ich allen meinen Freunden danken, mit denen ich so offen und ehrlich über Geldangelegenheiten sprechen konnte. In diesem Buch sind ihre Erfahrungen gesammelt. Ich habe die Namen geändert, damit ihre Anonymität gewahrt bleibt.

Besonderer Dank gilt meiner Mutter, die viel zu diesem Ratgeber beigetragen hat. Das Erscheinen des Buches durfte sie leider nicht mehr erleben.

Register